U0840199

工会工作实务操作流程丛书

集体协商流程图示与范例

第2版

本书编写组◎编

JITI XIESHANG LIUCHENG
TUSHI YU FANLI

中国工人出版社

修订说明

为适应新形势新任务对工会工作提出的新要求，我们组织力量对“工会工作实务操作流程丛书”进行了全面修订。本次修订坚持以习近平新时代中国特色社会主义思想为指导，认真贯彻习近平总书记关于工人阶级和工会工作的重要论述，按照中央党的群团工作会议精神，围绕保持和增强工会工作和工会组织的政治性、先进性、群众性要求，坚持问题导向、实践导向、需求导向。

本丛书修订的重点和焦点问题有：一是根据党的十九大精神和中国工会十七大精神调整了工会工作的一些表述；二是根据新时代工会工作的内容和工会改革的任务，增补了主要相关内容；三是依据《中国工会章程》《工会基层组织选举工作条例》《基层工会会员代表大会条例》《全国模范职工之家、全国模范职工小家、全国优秀工会工作者评选表彰管理办法》《中华全国总工会关于加强专职集体协商指导员队伍建设的意见》等最新文件精神对内容进行了相应调整。

本丛书由赵振洲、胡昌平组织实施，在丛书修订过程中得到了中华全国总工会相关部门的大力支持，在此谨致诚挚的谢意。

由于编者水平有限，本书难免存在不足和疏漏之处，敬请广大工会工作者和读者朋友们批评指正。

编　者

2021 年 1 月

目录 CONTENTS

【第一部分】

集体协商流程

集体协商集体合同工作总流程 …… 003
集体协商前的准备工作流程 …… 026
集体协商代表产生流程 …… 032
提出要约的一般流程 …… 039
集体协商会议流程 …… 047
职工（代表）大会审议集体合同草案流程 …… 051
区域性行业性集体协商流程 …… 056

【第二部分】

集体合同审查、续签、变更、解除和终止流程

集体合同审查流程 …… 075
集体合同续签或重新签订流程 …… 081
集体合同变更、解除和终止流程 …… 085

【第三部分】

集体合同监督检查和争议处理流程

集体合同监督检查流程 …………………………………… 91
集体协商争议处理流程 …………………………………… 98
集体合同争议处理流程 ………………………………… 104

【第四部分】

专项集体合同及集体协商质效评估流程

工资集体协商流程 ……………………………………… 117
劳动安全卫生专项集体合同签订流程 ………………… 152
女职工权益保护专项集体合同签订流程 ……………… 164
集体协商质效评估工作流程 …………………………… 179

附　录

《劳动合同法》（摘录） ………………………………… 183
工资集体协商试行办法 ………………………………… 185
集体合同规定 …………………………………………… 191
中华全国总工会 人力资源社会保障部 中国企业联合会/中国企业家协会 中华全国工商业联合会关于实施集体协商“稳就业促发展构和谐”行动计划的通知 ……………………………………… 204
中华全国总工会办公厅关于印发《深入开展集体协商质效评估工作方案》的通知 ……………………… 211

第一部分

集体协商流程

集体协商集体合同工作总流程

图示

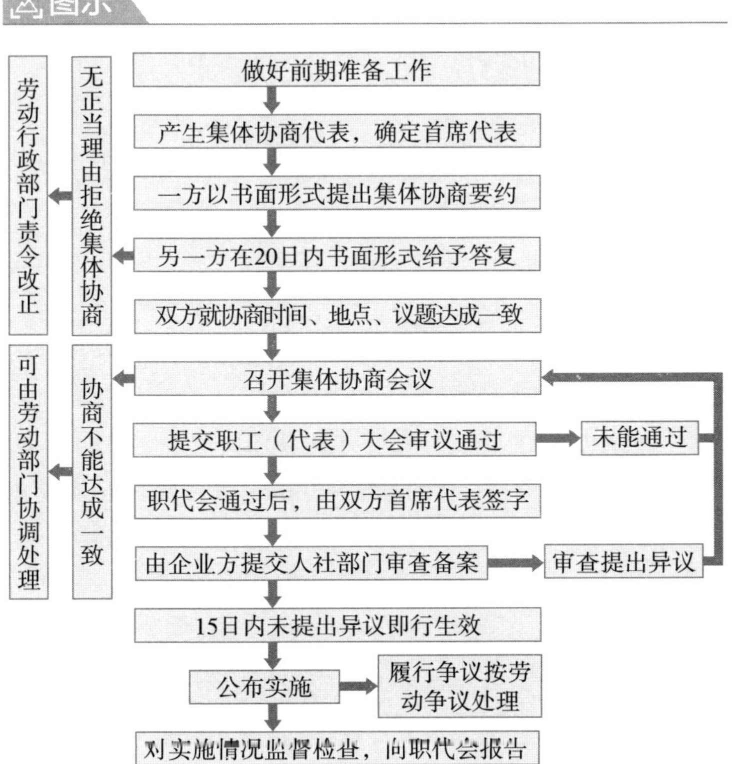

图示解说

1. 做好前期准备工作

工会在集体协商前应该做好充分的思想准备，收集、熟悉和研究与集体协商工作相关的资料，确定协商议题、协商策略和工作步骤，以取得最佳的协商效果。

2. 产生集体协商代表

集体协商代表是按照法定程序产生并有权代表本方利益进行集体协商的人员。集体协商代表应依照法定程序产生，双方的代表人数应当对等，每方至少3人，并各确定1名首席代表，双方协商代表不得相互兼任。

3. 提出要约

提出集体协商要约，是开展集体协商和签订集体合同的法定程序。按照规定，工会或企业均可以书面形式向对方提出集体协商的要求，另一方在收到协商要求之日起20日以内给予回应，无正当理由不得拒绝进行集体协商。在实践中，一般情况是由工会方向企业方主动提出要约。企业工会提出协商要约有困难的或在其他特殊情况下，其上级工会可依法代替基层工会向企业提出协商要约。工会提出协商要约后，企业方不按期回应或拒绝进行集体协商的，上级工会应依法下达“整改建议书”，提出整改建议；对逾期不改的企业，工会可提请人社部门责令其改正，直至追究其行政或法律责任。

4. 召开集体协商会议

一般来说，集体协商主要采取协商会议的形式，由双方人数对等的正式代表参加，双方商定一名记录员负责会议记录，由双方首席代表轮流主持。按以下程序进行：

（1）宣布议程、协商规则和会议纪律。

（2）要约方的首席代表介绍集体协商的准备过程、协商的具体内容和要求、提出协商议案的理由和依据。受约方首席代表就对方的要求做出回应。

（3）协商双方就商谈事项发表各自的意见，开展充分讨论。

（4）双方首席代表归纳意见，就达成一致的意见提出共同确认的表述方式。

（5）形成集体合同草案。

5. 提交职工（代表）大会审议通过

职工代表大会（以下简称“职代会”）审议通过集体合同草案是法定程序，不能以职工代表团长联席会议、主席团扩大会议或其他小范围的协商形式代替，必须严格按程序规定进行。工会在组织职代会审议集体合同草案时应按照以下程序进行：

（1）审议前的准备工作。工会要在召开职代会前一周将集体合同草案发到全体职工或职工代表手中，使之提前熟悉和研究集体合同草案的内容，并听取所在单位职工意见，做好参会审议的准备。

（2）向职代会报告。说明集体合同草案的产生过程，集体合同草案的内容及其制定的依据，进行协商的情况。

（3）组织职工代表讨论。请职工代表进一步修改和完善集体合同草案。

（4）妥善处理职工（代表）的意见。职工（代表）审议中提出意见的，大会主席应当进行研究，对合理的意见，应当采纳，并对集体合同草案进行修改；对不合适的意见，应当在大会上予以说明。

（5）职代会表决通过。在审议集体合同草案的基础上，职代会以无记名投票方式对集体合同草案进行表决。

6. 审查备案

按照规定，集体合同的签字、备案都是必须履行的法定程序。

（1）集体合同草案经职代会表决通过后，工会主席代表职工与企业方的首席代表在集体合同文本上签字。

（2）自签字之日起10日内，工会方要积极协助企业方将集体合同文本一式三份报送人社部门，由其对集体合同签约主体资格、合同内容、签订程序进行合法性的审查备案，在15日内未提出异议的即行生效。如果人社部门提出异议，工会方要积极会同企业方按照协商和签约的程序规定，对异议部分依法进行修改后重新报送人社部门审查备案。

7. 公布实施

生效的集体合同或专项集体合同，应当自其生效之日起由协商代表及时以适当的形式向本方全体人员公布。工会组织可通过公示栏、门户网站、微信等适当形式向全体职工公布。有条件的可以通过内部的广播电视、报刊等进行公布并广为宣传。有的采取张榜公布、下发文件，或者单印成册，发给职工人手一份，进行学习宣传。双方还应对集体合同的履约情况进行监督检查。

注意事项

1. 实事求是，突出重点

从不同类型、不同所有制企业的实际情况出发，实事求是，突出重点，区别情况，有所侧重。集体合同的内容很广泛，双方应根据不同情况，在广泛征求职工群众意见的基础上，从解决职工最关心、要求最迫切的问题入手，共同协商确定集体合同的内容。一般来讲，集体合同应以企业劳动条件和标准为主要内容，突出解决劳动用工、工资分配、社会保险、劳动安全卫生等方面的问题，加以明确和规范。根据企业的不同情况，集体合同的内容应有所区别和侧重，如生产经营正常稳定、经济效益较好的企业，可在签订全面综合性集体合同的基础上，重点放在工资增长和调整上；改制企业可以把裁员和职工分流安置方案、下岗职工经济补偿等作为重点；小型非公有制企业重点是规范劳动用工、工资支付、劳动安全卫生等。总之，要立足企业的具体现实，把劳动关系中最要害和职工最关心的问题，作为集体合同的重点，在内容条款中具体加以体现，以增强集体合同的针对性和实效性。

2. 量化标准，规范程序

提高集体合同质量，增强集体合同实效，要在集体合同内容上下功夫，做到量化劳动标准，细化处理程序。集体合同的内容体现着集体合同的质量。集体合同质量的高低决定着集体合同履行的效果。保证集体合同的质量，必须坚持依照有关法律法规，紧密结合企业实际，既反映和体现广大职工的意愿，又考虑企业的实际承受能力，在双方进行充分协商的基础上，通过签订集体合同，对企业的劳动标准和劳动关系问题，做出明确具体的规定，保证双方共同遵守执行。制定集体合同的内容条款不能过于原则笼统、脱离实际，简单从事，不要照搬照抄有关法律法规的条文，搞形式主义。集体合同中有关劳动条件和标准方面的内容要做到具体量化，让职工看得见、摸得着，心中有“数”，一目了然；集体合同中有关劳动管理和集体合同本身程序性规定的内容要做到具体细化，步骤清晰，简便易行，责任明确，具有可操作性，便于履行和监督检查。总之，要通过集体合同的签订和履行，使职工合法权益得到切实维护，使企业劳动关系得以规范，使企业和职工都能确确实实感受到集体合同制度是有用的、必要的，也是具体的、实在的。

3. 因企制宜，注重实效

签订集体合同时，一些重要内容条款的确定如劳动报酬、劳动定额、安全生产、福利待遇等，往往受到当地经济社会发展水平、企业规模结构、职工队伍状况等多重因素的制约。不同所有制、不同规模、不同经营状况的企业往往存在着一定差异，不同行业、区域之间的劳动定额标准、工时工价确定方法也有所不同，这就决定了集体合同内容条款很难用一个模式、固定标准来大而化之地确定。在实际工作中，要结合企业、行业和区域的实际情况，注重把握重点，因企制宜，因地制宜，灵活确定集体合同内容条款。既要最大限度地为职工争取实际利益，也要尊重客观情况，体现出鲜明特色。只有如此，才能最大限度地增强集体合同的针对性和实效性，切实发挥集体合同的作用。

4. 由易到难，循序渐进

开展集体合同工作，是一项系统的社会工程。而对于企业来说，建立集体合同制度是一项具有重要意义的制度性突破，既关系到企业长远发展，又事关企业职工的切身利益。因此，推动开展集体合同工作不能急于求成，而要由易到难，循序渐进，重在建制，把握好工作节奏。先从企业职工最关心、最迫切也最容易解决的问题入手，把开展集体合同工作的力度与企业的可承受程度和职工诉求的满意度有机统一起来，科学合理地提出目标。既努力满足职工愿望，又充分考虑企业未来发展和职工长远利益，做到统筹兼顾、科学合理。同时，工会也要做好立足当前、着眼长远的打算，积极稳妥、坚持不懈地予以推进，最终实现企业、职工、社会的多赢。

范例

集体合同参考文本

用人单位名称：

用人单位住所：

注册类型：

职工人数：

用人单位协商代表

首席代表姓名：　　　　性别：　　　　职务：

代表姓名：　　　　性别：　　　　职务：

代表姓名：　　　　性别：　　　　职务：

职工方协商代表

首席代表姓名：　　　　性别：　　　　职务：

代表姓名：　　　　性别：　　　　职务：

代表姓名：　　　　性别：　　　　职务：

第一章　总　则

第一条　为明确用人单位和职工双方的权利义务，维护双方的合法权益，促进劳动关系和谐稳定，共谋发展，根据《劳动法》《工会法》《劳动合同法》《集体合同规定》等有关法律、法规，用人单位与全体职工遵循合法、平等、诚信的原则，协商一致签订本合同。

第二条　本合同确定的事项，对双方均具有约束力。用人单位与职工个人订立的劳动合同中有关劳动报酬和劳动条件等标准，低于本合同规定的，按照本合同的规定执行。

第三条　用人单位应建立和完善劳动规章制度。用人单位在制定、修改或者决定直接涉及职工切身利益的规章制度和重大事项时，必须经职工代表大会（职工大会）讨论，与工会（职工代表）平等协商确定。用人单位应尊重并支持工会依法独立自主地开展工作，保障职工的合法权益。

第四条　职工应自觉遵守用人单位各项劳动规章制度，认真履行劳动合同、集体合同，爱岗敬业。工会应代表和维护职工的合法权益，组织和教育职工依法行使民主权利，执行职工代表大会（职工大会）审议通过的决议，不断提高思想道德、技术业务和科学文化素质，努力完成生产和工作任务，促进单位发展。

第二章　劳动报酬

第五条　用人单位遵循同工同酬的原则，与工会（职工代表）平等协商确定本单位工资分配制度。每年____月，双方就当年度工资分配问题进行平等协商。

第六条　经双方协商，用人单位利润总额增长____%以上，职工工资总额增长不低于____%，职工年平均工资水平增长不低于____%；用人单位利润总额下降超过____%，职工工资总额下调____%，职工年平均工资水平下调____%，但最多不超过____%；用人单位利润总额增长（或减少）____%以内，职工年平均工资水平增长不低于统计部门发布的本地区居民消费价格涨幅。

第七条　用人单位制定、修改劳动定额和计件工资标准时，应遵循科学合理的原则，依据国家标准、行业标准和本单位实际，提出方案，与工会（职工代表）平等协商确定。劳动定额标准要确保在同等劳动条件下，同岗位____%以上劳动者在法定工作时间内能够完成。双方协商确定：

（一）（岗位名称）的劳动定额为____（工时单价或计件单价）；

（二）（岗位名称）的劳动定额为____（工时单价或计件单价）；

（三）（岗位名称）的劳动定额为____（工时单价或计件单价）。

第八条　经双方协商，按以下标准发放职工津贴和补贴：

（一）岗位(工种)：____津贴名称：____标准：____元/月；

（二）岗位(工种)：____津贴名称：____标准：____元/月；

（三）岗位(工种)：____津贴名称：____标准：____元/月。

第九条　经双方协商一致，以下情况的支付标准为：

（一）职工病假工资或者疾病救济费标准为__________

____。

《关于贯彻执行〈中华人民共和国劳动法〉若干问题的意见》（劳部发〔1995〕309号）第59条规定：病假工资或者疾病救济费可以低于当地最低工资标准支付，但不能低于最低工资标准的80%。

（二）职工依法享受年休假、探亲假、婚丧假期间和依法参加社会活动期间，用人单位支付职工工资的具体标准为____。

（三）职工下岗、待岗和内部退养期间，用人单位为其发放的生活费标准为______________________________。财政部《关于企业重组有关职工安置费用财务管理问题的通知》（财企〔2009〕117号）规定内退人员的生活费标准不得低于本地区最低工资标准的70%，同时不得高于本企业平均工资的70%。

第十条　确定职工加班加点工资基数的方法是________

____。

其中，实行计件工资的职工，加班工资基数按本合同第七条的标准执行。

第十一条　用人单位月最低工资标准为______元（不低于省政府规定的最低工资标准）。试用期职工月工资不得低于本单位月最低工资标准。

第十二条　用人单位每月______日（遇节假日、双休日提前至最近的工作日）以货币形式通过银行支付职工工资、生活费、病假工资或者疾病救济费，不得克扣和无故拖欠。

用人单位在支付工资时应向职工提供一份个人工资清单。

第十三条　用人单位确因生产经营困难暂时无法按时足额支付工资的，应向职工说明情况，与工会协商一致后，可以延期支付工资，但最长不得超过______个月。用人单位超过约定时间仍无法支付工资，双方协商不成的，工会或者职工有权及时向人力资源和社会保障部门反映，或向人民法院申请支付令。

第三章　工作时间和休息休假

第十四条　____________________（岗位或者部门）实行标准工时工作制度，每天工作8小时，每周工作时间不超过40小时，每周休息两天。不能实行标准工时制度的，用人单位与工会协商并征求职工意见，经人力资源和社会保障部门批准后，可以实行综合计算工时工作制和不定时工作制。

第十五条　经双方协商一致，执行以下休息休假规定：

（一）年休假：__________________________________。

（二）婚丧假：__________________________________。

（三）事假：____________________________________。

（四）其他：____________________________________。

第十六条　用人单位安排职工加班，一般每日不得超过1小时。因特殊原因需要延长工作时间的，在保障职工身体健康的条件下每日不得超过3小时，但每月不得超过36小时。

用人单位安排职工在休息日加班补休的，应当在______（日、周、月）内安排职工补休。无法安排职工补休的，依法支付加班工资。

第十七条　用人单位安排职工加班，必须与工会和职工协商，制作《加班通知单》，确定加班工作时间和内容；职工主动提出加班，应填写《加班申请单》，经用人单位批准后实施，否则不视为加班。用人单位未与工会和职工协商，强迫职工加班的，职工有权拒绝。

第四章　劳动安全卫生

第十八条　用人单位严格执行《安全生产法》《职业病防治法》《消防法》《工伤保险条例》等法律法规的有关规定，建立完善劳动安全卫生制度，执行国家劳动安全卫生规程和标准，为职工提供符合国家规定的劳动安全卫生条件和个人劳动防护用品，保障职工健康及其相关权益。

第十九条　职工严格遵守用人单位劳动安全卫生工作规章制度，认真执行各项操作规程，积极参加用人单位组织的安全培训和教育，正确佩戴和使用劳动保护用品，按照应急救援方案的规定进行应急救援，依法获得劳动安全卫生保障。工会依法组织职工参加劳动安全卫生工作的民主管理和民主监督，维护职工的健康及其相关权益。

第二十条　用人单位应加强对职工的劳动安全卫生知识教育和培训，保证职工了解国家和行业劳动安全卫生法律法规，熟悉用人单位劳动安全卫生规章制度和操作规程，掌握本岗位劳动安全卫生管理、方法、技术和危害防护等基本知识，能在紧急情况下采取科学合理的应急救援措施。____________岗位（工种）作业人员必须经过国家有关机构培训，取得相应资格操作证后，方可上岗。

职工不按规定正确佩戴和使用劳动防护用品，用人单位有权拒绝其上岗操作。

第二十一条　工会有义务组织职工接受安全技术培训和管理，教育职工严格遵守用人单位的各项安全生产规章制度和操作规程，提高职工安全技术素质和自我防护意识，并对用人单位安全教育培训和持证上岗情况进行监督。

第二十二条　用人单位与职工订立劳动合同时，应当将工作过程中可能产生的职业病危害及其后果、职业病防护措施和待遇等如实告知职工，并在劳动合同中写明，不得隐瞒或者欺骗。

用人单位对从事有毒有害作业的职工，进行上岗前和离岗时的健康检查，在岗期间应每年定期进行____次健康检查，检查结果应如实告知职工本人和工会。

第二十三条　用人单位对从事有毒有害工种的职工，按照国家《职业病防治法》等有关规定，定期向职工发放有毒有害保健津贴。具体是：

（一）岗位（工种）：________津贴名称：________标准：____________；

（二）岗位（工种）：________津贴名称：________标准：____________；

（三）岗位（工种）：________津贴名称：________标准：____________。

第二十四条　用人单位发生安全生产事故，应如实报告安全生产监督管理部门和工会；在处理安全生产事故时，工会有权依法参加事故调查，向有关部门提出处理意见和建议。

第二十五条　用人单位未参加工伤保险或者未按时足额缴纳工伤保险费影响职工工伤保险待遇的，职工应享受的工伤保险待遇由用人单位支付，标准按法律法规的规定执行。

第二十六条　用人单位每年至少一次向职工代表大会（职工大会）书面报告安全生产情况。

第五章　劳动保险和福利

第二十七条　用人单位按照国家和当地有关规定为职工缴纳养老、医疗、失业、工伤、生育等各项社会保险费，每年向职工公布一次用人单位和职工缴纳社会保险费情况。

用人单位申报年度社会保险缴费基数时，按规定报送劳动工资报表和财务报表，职工个人缴费基数要经职工个人签字认可，用人单位缴费基数要经法定代表人签字认可。

工会应组织职工对个人缴费基数进行核对和签字，对用人单位申报的缴费基数进行监督。

第二十八条　用人单位为职工缴存住房公积金，缴费基数为______，用人单位和职工的缴费比例分别为______%和______%。每年向职工公布一次用人单位和职工缴纳住房公积金的情况。

第二十九条　用人单位建立企业年金和补充医疗保险，

根据国家和省有关规定，从职工工资总额中分别按______%和______%的标准提取。用人单位企业年金和补充医疗保险的具体管理办法以及年度预算方案必须经职工代表大会（职工大会）审议。用人单位每年应向职工公布企业年金和补充医疗保险的执行情况，并接受职工代表大会（职工大会）审查。

第三十条　用人单位每年按本单位职工工资总额的______%提取福利基金，用于职工集体福利、工作餐、交通补贴等支出。用人单位每年将福利基金的使用情况向职工代表大会（职工大会）书面报告，接受职工代表大会（职工大会）审查。双方约定以下项目和标准：

（一）伙食补贴：用人单位按______元/月·人的标准向职工发放伙食补贴，或者在工作日内按时提供______元/餐的免费工作餐；

（二）交通补贴：用人单位按______元/月·人的标准向职工发放交通补贴；

（三）健康体检：用人单位每______年组织全体职工参加1次一般健康体检，费用由用人单位承担；

（四）文体娱乐活动：用人单位每半年至少为职工组织1次文体娱乐活动；

（五）其他约定的项目：____________________。

第三十一条　双方共同建立“送温暖工程基金”（“扶贫济困基金”），由用人单位出资______万元、工会筹集______万元共同组成。用人单位和工会协商制定基金管理办法，明确帮扶救助对象、办法、标准，经职工代表大会（职工大会）审议通过后实施。

第六章　女职工权益保护

第三十二条　用人单位要认真执行《妇女权益保障法》《女职工劳动保护特别规定》等法律法规，保障女职工享有与男职工平等的权利，同时保障女职工的特殊劳动权益。

第三十三条　用人单位支持女职工参加政治、业务培训，在晋职、晋级、评定专业技术职称等方面，应遵循男女平等的原则；在组织岗位竞聘时，除不适合女职工的工种或者岗位外，不得以性别为由拒绝女职工参与或者提高对女职工的竞聘标准；在工资、奖金和福利待遇方面，实行男女同工同酬。

第三十四条　工会及女职工委员会应当引导女职工自觉遵守用人单位规章制度，不断提高技能水平，全面完成工作任务，充分发挥作用；督促用人单位落实女职工权益保护法律法规，依法维护女职工的合法权益。

第三十五条　用人单位在录用职工时，除国家规定不适合女职工的工种或岗位外，不得提高对女职工的录用标准或拒绝录用女职工。用人单位与女职工签订的劳动合同，不得有限制女职工结婚、生育的内容。

女职工在孕期、产期、哺乳期内，劳动合同期满或者劳动合同终止条件出现时，用人单位应将劳动合同延续至孕期、产期、哺乳期满为止。用人单位不得因女职工结婚、怀孕、生育、哺乳等情形，降低女职工的工资；在孕期、产期、哺乳期间，不得单方解除与女职工的劳动合同。确因工作原因需要变更工作岗位的，应当征得女职工的同意。

第三十六条　用人单位应根据女职工的生理特点和所从事工作的职业特点，对在经期、孕期、产期、哺乳期和更年期的女职工给予特殊保护。

女职工怀孕28周以上上班确有困难的，经本人申请，用人单位批准，可请假休息，休息期间的工资为__________。

婴儿满1周岁后，经用人单位指定医疗机构确诊为体弱儿的，用人单位可适当延长该女职工的哺乳期，延长时间为______个月至______个月。

第三十七条　用人单位每______年组织全体女职工进行一次妇科疾病健康检查，费用由用人单位支付，检查结果应告知女职工本人。用人单位每月为女职工发放卫生费，标准为每人每月______元。

第三十八条　用人单位为全体女职工办理针对女性疾病的商业保险，具体是____________，费用根据国家有关规定列支。

第三十九条　全体女职工3月8日放假半天。

第四十条　女职工生育产生的符合规定的医疗费用，其所在单位已参加生育保险的，按有关规定执行；未参加生育保险的，或者因用人单位欠缴生育保险费影响女职工及时享受有关待遇的，由用人单位按生育保险规定的项目和标准支付待遇。

第七章　职业技能培训

第四十一条　用人单位贯彻党和国家《新时期产业工

人队伍建设改革方案》和国务院《关于推行终身职业技能培训制度的意见》，根据工作岗位特点、条件和要求，对职工进行有计划的培训，以全面提高职工队伍素质，增强企业竞争力。

第四十二条　用人单位按职工工资总额的______%提取职工教育培训经费，列入成本开支，用于安排职工参加各种职业技能培训，其中用于管理人员的培训经费不得高于总额的______%，用于一线职工的培训经费不得低于总额的______%。年度教育培训经费的使用方案以及培训计划应经职工代表大会（职工大会）讨论通过。要认真执行《国务院关于大力发展职业教育的决定》，认真落实“一般企业按照职工工资总额的1.5%足额提取教育培训经费，从业人员技术要求高、培训任务重、经济效益较好的企业，可按2.5%提取”的规定。

第四十三条　用人单位鼓励和支持职工学习文化和专业技能，对取得相关学历证书或通过培训取得技能等级证书的职工给予奖励。具体标准是____________________。

第四十四条　用人单位为职工提供专项培训费用，对其进行专业技术培训的，可以与职工订立专项协议，约定服务期和违约责任。专业技术培训主要是____________________等形式。

第八章　劳动合同

第四十五条　用人单位招用职工时，应本着公开、公正、公平、合理、择优录取的原则，依据招用条件招收录用，工会有权对招用职工工作进行监督。

第四十六条　用人单位严格执行《劳动合同法》《劳动合同法实施条例》等规定，全面实施劳动合同制度。用人单位制定劳动合同文本时，应当征求工会的意见。工会应当帮助、指导职工与用人单位依法订立和履行劳动合同，并对劳动合同制度实施情况进行监督。

第四十七条　订立固定期限劳动合同的，合同期限最低不少于______年。

用人单位可以依法与职工在劳动合同中约定试用期。试用期内职工请事假超过______天的，需延长相应天数的试用期。

第四十八条　劳动合同期满前30日内，用人单位和职工应就是否续订劳动合同进行协商。经协商一致同意续订劳动合同的，用人单位应在劳动合同期满前与职工办理续订劳动合同手续。

第四十九条　用人单位依法制定的劳动规章制度，应当如实告知职工，具体告知方式为____________________。

工会应配合用人单位组织职工学习和严格遵守劳动规章制度。

第五十条　用人单位单方面解除职工的劳动合同，应当提前______日书面将理由通知工会，工会应在______日内书面反馈意见；工会有不同意见的，用人单位应当研究工会的意见，并在______日内将处理结果书面通知工会。

第五十一条　用人单位建立劳动争议调解委员会，与工会（职工代表）制定劳动争议调解规则，调解劳动争议，及时化解矛盾纠纷。劳动争议调解委员会负责人由______（工会主席）担任，日常办事机构设在工会。

第五十二条　用人单位因生产经营发生严重困难等原因确需裁减人员，应提前30日向工会或者全体职工说明情况，听取工会或者职工的意见，提前15日向人力资源和社会保障部门书面报告裁减人员方案后，可以裁减人员。

裁减人员方案应包括用人单位目前生产经营状况、裁减人员的主要原因、听取工会（全体职工）意见、被裁减人员参加社会保险和缴纳社会保险费情况，以及经济补偿落实情况等内容和相关资料。

第九章　履行、变更、解除、终止、续订集体合同

第五十三条　本合同有效期限为______年。

第五十四条　为了保证全面履行本合同，双方在本合同签订后______日内，联合成立人数对等的监督检查小组，对本合同履行情况进行监督检查，组长由______（工会主席）担任。双方首席代表每年______次向对方通报本方履行合同的情况。监督检查小组每年______次将本合同履行情况以书面形式向职工代表大会（职工大会）报告。

第五十五条　本合同有效期内，双方协商代表发现对方有违反本合同的行为时，可以告知对方首席代表。接到告知的首席代表应会同另一方尽快协商处理，并在接到告知之日起______日内及时向告知人反馈处理结果。

第五十六条　符合下列情形之一的，导致本合同部分或者全部不能履行的，经双方协商一致，可以变更或解除

本合同：

（一）所依据的法律、法规和政策被修改或者废止；

（二）用人单位合并、分立、解散、破产等经营情况发生重大变化；

（三）因不可抗力等原因使本合同无法履行或者部分无法履行的；

（四）______________（双方约定变更或者解除的其他情形）。

第五十七条　本合同期满前60日内，双方应就是否续订本合同进行协商，同意续订的，应当在本合同期满前续订。

第五十八条　符合下列情形之一的，本合同终止：

（一）本合同约定的期限届满；

（二）______________（双方约定终止的其他情形）。

第十章　履行本合同争议的处理

第五十九条　因履行本合同发生争议时，双方平等协商解决。一方向对方提出书面协商意向书，另一方应在收到意向书之日起20日内书面答复，无正当理由不得拒绝。

提出书面协商意向书的一方应在收到对方书面同意协商意见之日起______日内召开协商会议。协商达成一致意见的，应签订书面协议；协商不能达成一致意见的，双方均可以自争议发生之日起1年内向有管辖权的劳动争议仲裁委员会申请仲裁。

第六十条　用人单位违反本合同，侵犯职工合法权益的，应依法承担相应的责任。

第十一章　附则

第六十一条　本合同经职工代表大会（职工大会）审议通过后，由双方首席代表签字。双方首席代表签字后7日内，用人单位将集体合同正式文本一式三份，送人社部门审查；人社部门自收到集体合同文本之日起15日内未提出异议的，本合同即行生效。

人社部门提出异议的事项，双方协商代表应对有异议的事项重新协商，修改合同文本后重新送审。

第六十二条　用人单位应自本合同生效之日起10日内向全体职工公布合同正式文本，同时送地方工会、企业联合会/企业家协会。

第六十三条　双方协商一致变更、续订本合同的，应按第六十一条的规定送审。

第六十四条　本合同有效期内，如合同内容与新发布实施的法律法规和政策规定相抵触，按新发布实施的法律法规和政策执行。

用人单位（盖章）：　　　　　　　　工会（盖章）：

首席代表（签字）：　　　　　　首席代表（签字）：

年　月　日　　　　　　　　　　年　月　日

集体协商前的准备工作流程

图示

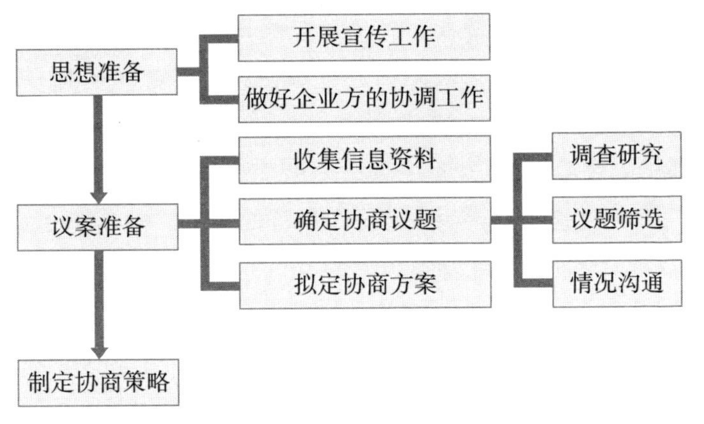

图示解说

1. 思想准备

(1) 开展宣传工作

工会要通过各种会议，通过微信、门户网站推送学习资料，举办培训班，组织知识竞赛等多种途径，充分运用广播电视、报刊、橱窗等宣传阵地，向广大干部和职工群众宣传国家有关集体合同制度的法律法规和政策规定，深入宣讲集体合同制度的内容、形式、作用，宣传和引导职工关注自身权益，提高维权意识，懂得依法享有的权利和应尽的义务，知晓兼顾各方利益、实现双赢目标的道理。通过宣传进一步提高思想认识，激发职工群众积极参与的内在动力，为集体协商奠定思想基础和群众基础。

（2）做好企业方的协调工作

工会要主动与企业领导沟通思想，宣传国家的法规政策，传达上级部门的具体要求。在推行行业性、区域性集体合同的地区，工会组织积极向党组织汇报、取得行政方面支持的同时，还要向相应的行业协会或雇主组织及企业主进行宣传，以取得企业方的理解、支持和合作，就进行集体协商和签订集体合同达成共识，为推进工作创造良好的工作环境和氛围。

2. 议案准备

（1）收集信息资料

工会和职工方协商代表在协商前必须熟悉与集体协商内容有关的法律法规和规章政策，了解与协商内容有关的情况资料。收集相关的信息资料，一般分为企业外部和企业内部两个方面。

企业外部的信息资料。包括国家和地方有关集体合同工作的法律法规、规章政策、上级的要求；国家和地方有关经济社会发展的目标措施、劳动关系方面的政策规定，如企业改制的政策规定和要求，劳动就业和工资报酬、安全生产和社会保险等涉及协商内容的各项劳动标准和劳动条件；国家和地方有关物价指数、最低工资标准、劳动力市场价位和当地的职工生活消费价格指数等信息资料；地区和行业的职工平均工资、工资增长水平和其他劳动标准、劳动条件的情况。

企业内部的情况资料。包括企业的生产经营状况、目标任务和具体的计划指标、劳动生产率和人均收入水平、企业的各项规章制度和管理办法。对于外资企业特别是跨国公司还要注意其企业文化和企业理念、不同国家的习惯做法、公司在其他国家企业的经营状况和职工收入等情况，并研究这些因素可能会对集体协商带来的影响。

（2）确定协商议题

工会在确定协商议题时，要抓好三个环节：

调查研究的环节。工会要深入基层通过召开座谈会、问卷调查或直接听取意见等方式，广泛征求职工的意见和要求，掌握职工最关心、最直接、最现实的利益问题，使协商议题在形成时就充分体现多数职工的意愿。

议题筛选的环节。工会不可能将职工所提出的意见和要求都提交协商会议，要有所选择，将职工的意见归纳整理，结合现行政策和企业情况进行分析研究，提出协商议题。

情况沟通的环节。工会应就协商议题征求企业职能部门的意见，对议题做进一步的修改、完善或调整。再由工会负责人与企业领导人进行沟通，协调双方的立场和意见，尽可能将职工的要求同企业方的意见统一起来，使议题更加切合实际。

（3）拟定协商方案

协商议题确定后，就要着手拟定协商方案。协商方案应包括以下内容：协商的时间、地点、参加人员等事项；协商议题及其说明；协商的原则和程序；其他需要明确的事项。拟定协商方案要具体明确，突出重点，量化指标，具有可操作性。最后，协商方案还要附上相关的法律法规和政策规定、信息资料和数据分析，作为提出协商理由的依据，以备协商时查阅。

3. 制定协商策略

工会在协商前不仅要做好充分的思想准备和议案准备，也要在策略上进行整体运筹谋划，包括确定协商议题的先后顺序和达成意向的步骤，明确协商代表的分工配合与各自发挥的作用，研究协商中可能出现的意外情况和避免陷于僵局的方法，营造和谐的协商氛围。

注意事项

1. 重视沟通的作用

在确定议题的过程中，工会与企业方的沟通很重要，尤其是对有些重要的敏感性问题或可能会产生分歧意见的问题，通过会前的非正式协商，坦诚交换意见，有利于达成共识。在建立党委的企业，工会提出的协商议题还应主动向党委汇报，取得党委支持，有些问题要借助党委与行政进行协调。如果是企业方主动提出协商要求，工会对企业方提出的协商议题要认真研究，并通过一定的途径和方式，充分征求职工的意见，使工会在协商中更好地表达民意，维护好职工的合法权益。有的企业协商议题确定后，还应报送上级工会，取得上级工会的指导和帮助。

2. 明确协商的目的性

工会在拟定协商方案时要明确协商的目的性：为签订综合性集体合同而进行的集体协商，协商的内容应以确定劳动标准为主；为签订专项集体合同或专项协议而进行的集体协商，协商的内容应针对该专门问题；为解决与职工具体利益方面相关的其他问题而进行的集体协商，协商的内容应以多数职工最关心、要求最迫切的问题为主。在协商的内容上应区分重点和一般，以便在协商过程中把握好轻重缓急，重点问题重点谈，着力解决主要问题。在方案的目标设定上应确定底线和上线。底线是在协商中退让的保底线；上线是在各种信息资料和数据分析测算的基础上得出、通过力争所要达到的最大值，从而为职工争取尽可能多的权益。

3. 运用行之有效的协商策略

许多工会在协商中总结和积累了一些行之有效的做法。比如：在协商中做到无据（法律根据）不纠缠，无理不取闹，原则不放过，小节不计较。职工该得的“必伸手”，可得可不得的“伸伸手”，不该得的“不伸手”，做到得之有道，失之大度。有的工会在协商中做到“四谈”，即职工关心的热点问题重点谈；涉及职工切身利益的问题坚持谈；有争议的问题耐心谈；僵持不下的问题放后谈。使工会在平等协商中既有原则，又有一定的灵活性。还有的工会在商谈工资分配条款时总结了“五谈”，即谈底线，持公平原则；谈系数，讲能力原则；谈增幅，看效益原则；谈目标，比贡献原则；谈福利，按需求原则。这种做法收到了很好的效果。

集体协商代表产生流程

图示

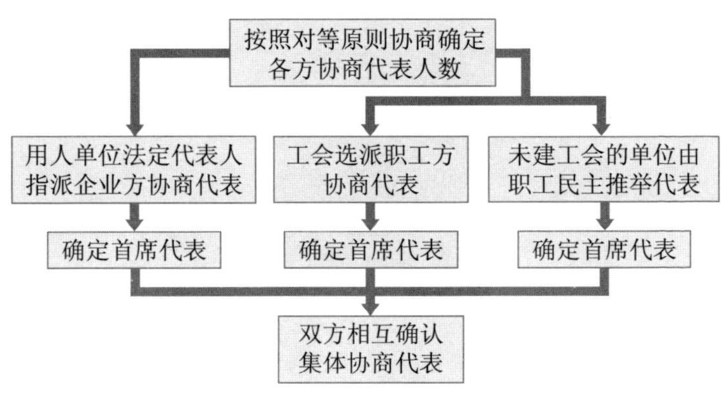

图示解说

1. 按照对等原则协商确定各方协商代表人数

集体协商双方的代表人数应当对等，每方不少于3人，以体现集体协商双方地位的平等性。为了保障协商的集体性，加大集体协商的力度，职工200人以上的用人单位以及区域性、行业性集体协商的协商代表人数每方不少于5人为宜。

2. 企业方协商代表的产生方式

企业方协商代表由用人单位法定代表人指派。行业性、区域性集体协商，企业一方的协商代表由区域内的企业联合会/企业家协会或其他企业组织、行业协会选派，也可以由上级企业联合会/企业家协会组织区域内的企业主经民主推选或授权委托等方式产生。

3. 职工方协商代表的产生方式

职工方协商代表由本单位工会选派。工会选派的职工方协商代表要经相应的民主程序认定。其具体的产生方式一般可由工会选派，经工会委员会会议、工会会员代表大会或职工代表大会等形式确认；也可以由工会提名候选人，经工会会员代表大会或职工代表大会民主选举产生。

未建立工会组织单位的职工方协商代表，由本单位职工民主推举，并须经本单位半数以上职工同意。

行业性、区域性集体协商，职工方的协商代表由行业工会组织或区域内的工会组织选派。

4. 确定首席代表

职工方首席代表由本单位工会主席担任。工会主席可以书面委托其他职工协商代表代理首席代表。工会主席空缺的，首席代表由工会负责人担任。未建立工会的，职工一方的首席代表从职工协商代表中民主推举产生。用人单位一方的首席代表由单位法定代表人担任或由其书面委托的其他领导人员担任。

此外，集体协商双方首席代表可以书面委托本单位以外的专业人员作为本方协商代表，委托人数不得超过本方代表的1/3。首席代表不得由非本单位人员代理。

注意事项

1. 集体协商代表的组成原则

通常来说，确定集体协商代表应遵循以下原则：

（1）适合原则

根据集体协商内容的难易程度、复杂程度及工作量大小来确定协商代表人数。

（2）结构原则

集体协商代表人员配备要考虑人员结构的合理与配套，一般包括熟悉生产经营管理人员、熟悉劳动工资人员、精通财务人员、熟悉法律人员等。

（3）精干原则

集体协商代表人员要尽量少而精，避免臃肿低效。

（4）对等原则

双方参加集体协商人员的数量应当对等，也可根据对方代表的专业情况，选派相应的代表参加。

2. 职工方协商代表的保护

由于职工方协商代表依照法律程序产生，依法履行职责，因此，职工方协商代表依法进行的一切活动都受法律保护。职工方协商代表依法享有以下保护权利：

（1）劳动合同终止保护权

职工方协商代表履行协商代表职责期间劳动合同期满的，劳动合同期限自动延长至其完成履行协商代表职责之时。职工方协商代表履行职责的期限由所代表的职工一方确定。职工方协商代表履行职责期限内，用人单位不得随意解除和终止其劳动合同。

（2）劳动合同解除保护权

职工方协商代表在履行其协商代表职责期间，除出现下列情形之一的，用人单位不得与其解除劳动合同：严重违反劳动纪律或用人单位依法制定的规章制度的；严重失职、营私舞弊，对用人单位利益造成重大损害的；被依法追究刑事责任的。

（3）工作岗位调整保护权

职工方协商代表履行协商代表职责期间，用人单位无正当理由不得调整其工作岗位。职工方协商代表因参加集体协商履行职责，占用生产工作时间，视为提供了正常劳动，其待遇不受影响。

3. 集体协商代表的更换

工会可以更换职工方协商代表；未建立工会的，经本单位半数以上职工同意可以更换职工方协商代表；遇特殊情况造成职工协商代表空缺的，职工方应按规定重新选派或推举新的协商代表，及时补充缺额。用人单位法定代表人可以更换企业方协商代表。协商代表因更换、辞任或由于不可抗力等情形造成空缺的，应在空缺之日起15日内产生新的协商代表。

范例

职工集体协商代表聘任书

__________同志：

经__________工会委员会选派（经______届______次职代会民主选举），你被聘任为职工集体协商代表。聘期从________年____月至________年____月。希望你认真履行职工协商代表的职责，积极参加集体协商工作。

____________工会委员会（盖章）

（______届______次职代会）

年　月　日

企业方首席代表委托书

委托单位：_______________

法定代表人：_____________

职务：___________________

受委托人：_______________

职务：____________________

现委托_____________为企业方集体协商首席代表，全权行使首席代表职权，代表企业方与职工方进行协商。

委托单位（盖章）：

法定代表人（签字）：

年　月　日

说明：该文本用于企业法定代表人不能担任首席代表，需委托其他领导人员担任首席代表，以此委托书确认首席代表资格。

职工方首席代表委托书

委托单位：________________

法定代表人：______________

职务：____________________

受委托人：________________

职务：____________________

现委托_____________为职工方集体协商首席代表，全权行使首席代表职权，代表职工方与企业方进行协商。

委托单位（盖章）：

法定代表人（签字）：

年　月　日

说明：该文本用于工会主席作为社团法定代表人不能担任首席代表，需委托其他协商代表担任首席代表，以此委托书确认首席代表资格。

外聘集体协商代表委托书

委托单位：______________

法定代表人：____________

职务：________________

受委托人：______________

职务：________________

现委托__________同志为__________方集体协商代表，履行代表职责，参与本次集体协商。

委托单位（盖章）：

法定代表人（签字）：

年　月　日

说明：该文本适用于协商双方聘请企业外专业人员担任本方协商代表，以此委托书确认协商代表资格。

提出要约的一般流程

图示

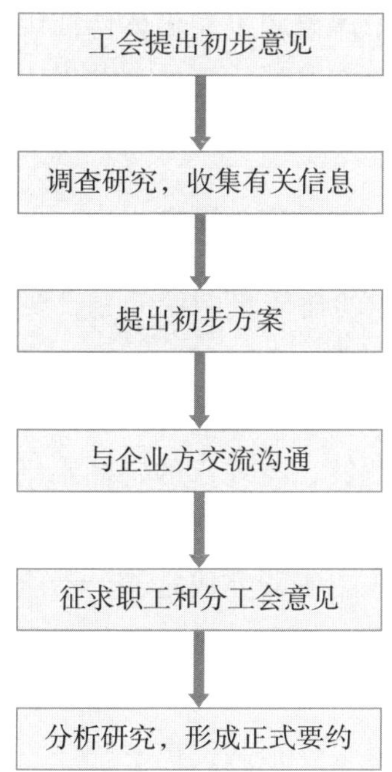

图示解说

1. 工会提出初步意见

工会应当从职工的诉求出发，确定协商议题和目标。职工在劳动实践中，对劳动定额高不高、劳动规章制度合不合适、集体福利应当怎样完善、还有哪些权益没有实现等，有着最直接最深切的感受。工会可采取开座谈会、问卷调查、个别访谈等形式，征求职工对集体协商哪些问题的意见，这有利于体现职工在集体协商中的主体地位，吸引他们关注集体协商工作，使工会在集体协商中有强大的群众基础。

2. 调查研究，收集有关信息

对于职工提出的比较集中的问题，要有针对性地做好资料收集和调查研究工作。例如，多数职工认为劳动定额过高，工会可以与企业行政管理人员一起，用科学的方法对劳动定额进行测算，与现行的定额水平进行比较，看是否过高。可以调查在正常生产的情况下，有多少职工可以完成定额，多少职工不能完成定额，不能完成定额的主要原因是什么，以此为依据，提出调整定额的要求，作为集体协商的议题。

再如，职工对集体福利提出了一些要求，工会可进行归纳，职工要求解决哪几项职工福利。同时，要了解企业按规定有多少福利基金，这些福利基金能够解决哪些福利，把职工的要求和企业的实际结合起来，提出有理、有据、切实可行的集体协商要约。

3. 提出初步方案

经过调查研究，工会把职工的要求与企业的实际结合起来，提出集体协商议题的初步意向。

4. 与企业方交流沟通

提出协商意向后，与企业行政方沟通，听取他们的意见。行政方如果没有明确的反对意见，可以确定为集体协商的议题，如果行政方有明确的反对意见，则应当认真听取，进行研究。如果企业行政方的意见是恰当的，可以调整目标，反之，则应当认真准备协商的策略和依据，以说服行政方接受工会的主张。

5. 征求职工和分工会意见

将集体协商的初步意愿向分工会通报，听取分工会和职工群众的意见，是对职工主体地位的尊重，吸引他们关注和参与集体协商过程，也有利于提高他们对集体协商的认可度和满意度。

6. 分析研究，形成正式要约

将企业和职工的意见汇总起来，进行分析、比较和研究，形成正式要约。

注意事项

1. 提出要约要具体、明确

要约是一方向另一方提出的订立集体合同的意思表示，要约的基本要求是具体、明确，不能只是原则性和一般化。例如，“甲方（企业方）在三号车间安装除尘设备，使车间的粉尘浓度达到国家标准”，这是一项明确的要约，要求在三号车间安装除尘设备，把粉尘浓度降下来，并达到国家标准。如果只是原则性地提出“甲方要搞好劳动保护，保障职工劳动安全”，集体协商就谈不起来。集体合同期限内有关劳动安全卫生要解决的问题不明确，集体合同的作用就难以发挥。再如，“甲方新购二台50座客车，用于改善职工上下班交通”，这符合要约的一般要求。如果提出“甲方要努力办好职工福利，努力解决职工工作生活中遇到的实际困难”，则因要求不具体、不明确而不符合要约的基本条件，也容易导致集体协商走过场，流于形式，签订的集体合同不能解决职工期盼解决的具体问题。

2. 与企业行政方充分交流与沟通

工会在要约提出的过程中与企业行政方交流是十分必要的，有利于了解企业行政方对工会拟提出协商内容的态度，协商的重点难点是什么，做到知己知彼，打有准备之仗。同时，也可以重新审查己方的要求是否恰当，是否需要调整。一般而言，行政方站在企业的角度，往往期望控制人工成本，减少费用，以获得利润的最大化，对职工提出的要求往往持谨慎的态度。这是由于企业与职工在共同利益一致的基础上，毕竟属于不同的利益主体，对具体利益有不同主张是正常的。工会应当站在职工的立场上，从履行维护职工合法权益的职责出发，对职工的合理要求应当坚持。即使在初步交流中行政方反对，工会认为职工的要求是合理的且企业有条件办到，就应当坚持，把问题拿到谈判桌上解决。集体协商只有在劳动关系有矛盾的地方通过充分博弈，找到解决劳动关系矛盾的均衡点，作用才能得到切实发挥。

3. 客观、全面地听取职工意见

在听取职工意见的过程中，要注意区别。职工的意见一般来说是合理的，但是也可能出现要求过高、不符合企业实际的现象。工会要从“促进企业健康发展，维护职工合法权益”的企业工会工作原则出发，既要尊重职工的主体地位，又要把握工会工作的原则，对职工不切实际的要求，要做好宣传说服工作。

4. 协商谈判要灵活变通

协商谈判在一定意义上是让步的艺术，在相互退让中容易达成一致。从策略上考虑，要约的要价应当高一些，项目可以多一些，以便留有让步、回旋的余地。如果要约定得太死，没有让步的余地，则容易形成僵局。

范例

工会方集体协商要约书

______________（企业行政方）：

为建立和谐稳定的劳动关系，维护职工合法权益，促进企业和谐稳定健康发展，根据《劳动法》《劳动合同法》《工会法》《集体协商规定》《工资集体协商试行办法》，结合本企业实际，建议职工方代表与企业方代表就相关问题进行协商。为使协商工作顺利进行，特提出如下建议：

1. 集体协商会议的时间、地点

（1）时间：__________年_____月_____日_____时；

（2）地点：____________________会议室。

2. 集体协商的主要内容

（1）____；

（2）____；

（3）____。

3. 确定双方集体协商代表

按规定，建议双方各派__________名协商代表。

职工方协商首席代表：__________，职务：____________。

其他代表为：____。

请企业方提出协商代表和首席代表名单，以便工作沟通，并做好协商的准备工作。

4. 本次协商需要企业方提供上年度企业经营有关资料：

（1）销售收入情况；

（2）利润实现情况；

（3）资产负债表；

（4）职工工资总额和职工平均工资；

（5）其他相关资料。

以上资料请企业在协商会议开始5日前，提供给职工方首席代表。所涉及的商业秘密，职工方代表将严格遵守保密规定。

5. 请收到本要约书起20日内予以书面答复。

________工会委员会（盖章）

年 月 日

企业方收到集体协商要约书情况：

收到____________ 时间__________

收到人__________

企业方集体协商要约回应书

________（企业工会方）：

你会于________年____月____日发出的《集体协商要约书》已收悉，现就要约书中有关问题回复如下：

1. 同意要约书中提出的具体协商时间和地点。

2. 同意要约书中提出的建议协商的内容。

3. 行政方首席协商代表确定为：_____，职务：_____。

其他代表是：________________________________。

4. 行政方已准备好相关资料，届时按规定提交。

以上回复如有异议，请及时沟通。

此复

________行政（盖章）

年　月　日

集体协商会议流程

图示

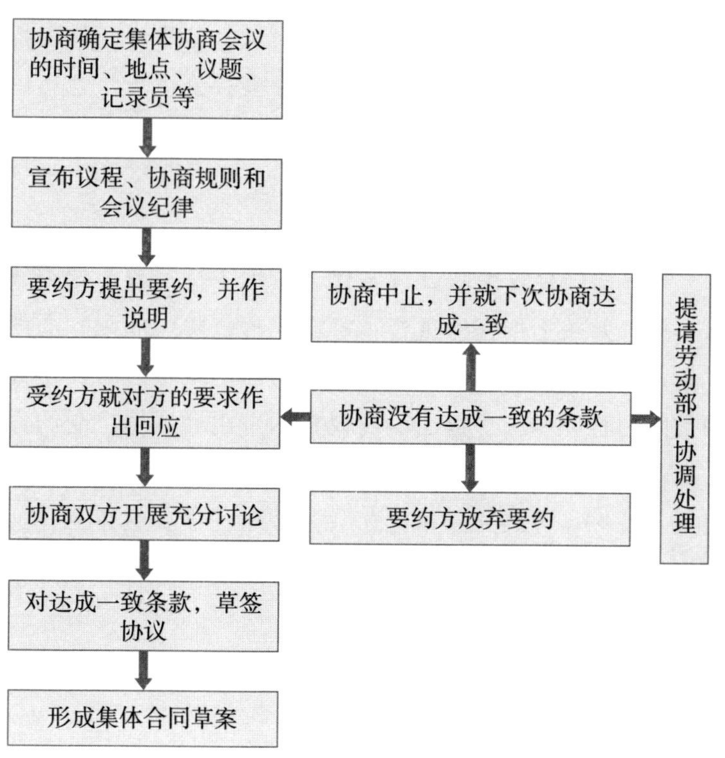

协商确定集体协商会议的时间、地点、议题、记录员等
宣布议程、协商规则和会议纪律
要约方提出要约，并作说明
受约方就对方的要求作出回应
协商双方开展充分讨论
对达成一致条款，草签协议
形成集体合同草案
协商中止，并就下次协商达成一致
协商没有达成一致的条款
要约方放弃要约
提请劳动部门协调处理

图示解说

1. 协商前的准备工作

协商代表在协商前应进行下列准备工作：熟悉与集体协商内容有关的法律、法规、规章和制度；了解与集体协商内容有关的情况和资料，收集用人单位和职工对协商意向所持的意见；拟定集体协商议题，集体协商议题可由提出协商一方起草，也可由双方指派代表共同起草；确定集体协商的时间、地点等事项；共同确定一名非协商代表担任集体协商记录员。记录员应保持中立、公正，并为集体协商双方保密。

2. 召开集体协商会议

集体协商会议由双方首席代表轮流主持，或由党委领导主持，并按下列程序进行：宣布议程、协商规则和会议纪律；要约方的首席代表介绍集体协商的准备过程、协商的具体内容和要求、提出协商议案的理由和依据；受约方首席代表就对方的要求做出回应；协商双方就商谈事项发表各自意见，开展充分讨论；双方首席代表归纳意见。达成一致的，应当形成集体合同草案，由双方首席代表签字。

3. 协商不一致，中止协商

集体协商未能达成一致意见或出现事先未预料的问题

时，经双方同意，中止协商。中止期限及下次协商的时间、地点、内容由双方商定。《集体合同规定》没有规定中止协商的期限，按惯例中止期限一般最长不超过60天。在中止协商期间，工会要多做调查研究，加强各方的磋商与协调，找准突破口，寻求结合点，积极创造条件恢复集体协商。双方对不能确定的问题，可以向人社部门、上级工会、企业主管部门和企业组织等进行咨询，取得指导帮助，或申请协调。

注意事项

1. 协商确定好主持人

文件规定协商会议由双方首席代表轮流主持，但在实际工作中也有不方便的地方。由于会议主持人在一定程度上掌握着会议的主动权，关系到协商会议的效率和发展方向，所以，在一些地方由双方首席代表轮流主持协商会议的同时，有的地方的工会组织与企业行政积极取得党组织的支持，由企业党委领导人主持协商会议，效果也不错。

2. 集体合同草案的起草

实践中，许多企业在正式协商前就准备了集体合同草案，以便在协商时有一个基本的方案和遵循，双方围绕集体合同草案展开讨论，对具体条款进行修改、补充和完善，协商一致后提交职代会审议。集体合同草案也可以在正式协商后形成，将双方达成一致意见的议题形成正式的集体合同草案。起草集体合同草案可以由双方指派代表组成起草小组共同完成，也可以委托工会方或企业方起草。通常情况是由工会方主动承担起草工作，这样做有利于工会方掌握工作的主动权，可以在起草过程中充分吸收广大职工的意愿和要求，也有利于在职工代表大会或职工大会上审议通过。

范例

集体协商会议纪要

协商时间：

协商地点：

协商会议出席人员：

企业方协商代表：

职工方协商代表：

记录员：

协商会议情况记录如下：

企业方首席代表：　　　　　　　　职工方首席代表：

（签字盖章）　　　　　　　　　　（签字盖章）

年　月　日　　　　　　　　　　　年　月　日

职工（代表）大会审议集体合同草案流程

图示

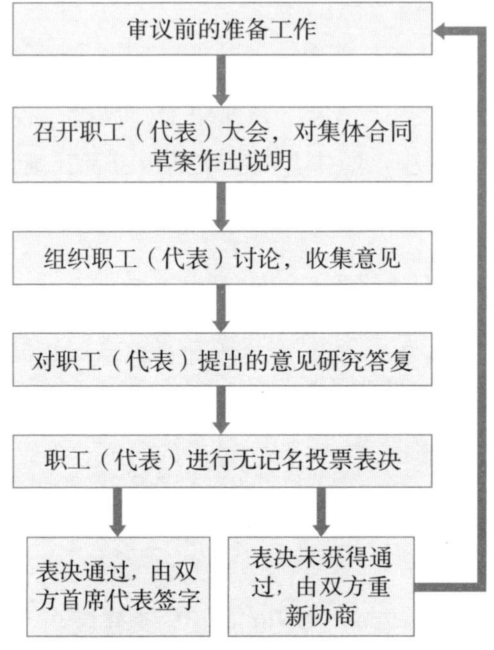

图示解说

1. 审议前的准备工作

工会要在召开职工（代表）大会前一周通过微信等形式将集体合同草案发到全体职工（代表）手中，使之提前熟悉和研究集体合同草案的内容，并听取所在单位职工意见，事先准备好修改意见。工会组织应该及时收集、研究职工代表的意见，对集体合同草案进行修改完善。

2. 向职工（代表）大会报告

召开职工（代表）大会审议集体合同草案必须有三分之二以上的职工代表出席。要向职工（代表）说明集体合同草案的产生过程，集体合同草案的内容及其制定的依据，进行协商的情况。

3. 组织职工（代表）讨论

请职工（代表）进一步修改和完善集体合同草案。要组织职工（代表）对集体合同草案进行讨论，听取他们的意见。应当保证职工（代表）讨论的时间，使他们能够充分表达意见。要进一步收集归纳职工（代表）的意见，尊重他们民主审议的权利。

4. 对职工（代表）提出的意见研究答复

对职工（代表）提出的意见，要在职代会主席团会议上认真研究，职工（代表）意见合理的，应当予以采纳，补充或修改集体合同草案，职工（代表）的意见不合理或目前还不具备条件解决的，应当向职工（代表）作出说明或解释，争取他们的理解。

5. 职工（代表）大会表决通过

在审议集体合同草案的基础上，职工（代表）大会以无记名投票方式对集体合同草案进行表决。经全体职工（代表）的过半数通过，以保证集体合同草案符合大多数职工的意愿，发挥民主管理对维护职工合法权益的促进和保障作用。

注意事项

1. 充分认识职工（代表）大会审议的必要性

（1）充分体现职工对集体协商的决定性作用

工会是代表职工与企业方进行协商，协商内容和结果必须符合绝大多数职工的意愿和要求，能否签订集体合同，最终要由职工来决定。工会组织对此应该有充分的认识。

（2）保障职工的民主权利

职工（代表）大会是企业民主管理的基本形式。职代会审议集体合同草案，保证职工充分行使知情权、参与权、审议权和监督权，这既是对职工协商代表的支持，也是落实《企业民主管理规定》的具体体现。

（3）有利于教育、引导职工

集体合同草案审议的过程，也是对职工群众进行宣传、引导和统一思想的过程，是让职工知晓和理解集体合同草案的产生过程与具体内容，可以为签订和履行集体合同奠定坚实的群众基础。

2. 职代会审议中要把握的几个原则

（1）合法的原则

审查集体合同内容是否符合国家和地方的法律法规和有关政策规定，不能与之相抵触。同时，还要审查协商过程以及协商形式是否合法。只有遵循合法的原则，才能使集体合同具有法律效力，对企业和职工都有法律约束力。

（2）充分体现职工意愿的原则

集体合同必须真正表达多数职工正当的具体的利益要求。不能无视职工应当享有的合法权益，以个人或少数人的主观意志代替广大职工的意愿，更不能迫使职工接受企业方提出的单边条件。否则，集体合同就不能成立。

（3）坚持双赢目标的原则

职工（代表）大会在审议集体合同时不仅要考虑职工的利益，同时也要兼顾国家、企业或其他方面的利益，正确对待各方面的利益关系，把职工的合理要求和企业的实际承受能力结合起来，既要保证职工权益不受侵害，又要防止职工提出过高要求，使双方在协商中共同受益，实现双赢和多赢目标。

3. 其他审议和决定的形式和办法

随着我国社会主义市场经济的建立和完善，国有企业改制和非公有制企业的迅速发展，使我国以公有制企业为基础的职工代表大会制度面临着许多新问题和新情况。少数非公有制企业还没有建立职工（代表）大会制度，职代会审议集体合同草案的程序出现了制度性障碍。为此，各地工会在新建企业积极探索多种形式的职工审议和决定办法。例如，有的企业采取无记名投票表决的方式，有的企业实行“公示制”，在规定时间内向全体职工进行公示，广泛征求职工意见，有的企业则通过厂务公开制度，将集体合同草案全文公开，广泛宣传，让全员参与，多方征求意见。

范例

职工代表大会关于通过《集体合同（草案）》的决议

企业职工代表大会于________年____月____日在________召开。参加会议的应到代表________人，实到代表________人，超过全体代表的三分之二，符合法定开会条件。全体与会人员认真听取了《集体合同（草案）》以及集体协商过程的说明，认为《集体合同（草案）》符合企业的实际，维护了职工合法权益，______________________。

经大会无记名投票表决，________票同意，________票不同意，________票弃权。同意人数超过应到会人数半数以上，《集体合同（草案）》获得通过。

________工会（盖章）

年　月　日

区域性行业性集体协商流程

图示

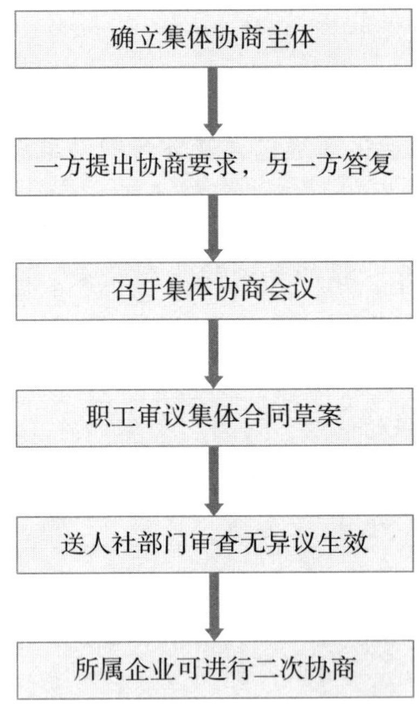

图示解说

1. 确立集体协商主体

区域性行业性集体协商，职工方的协商代表由行业工会组织或区域内的工会组织选派，首席代表由工会主席担任。企业一方的协商代表由区域内的企业联合会/企业家协会或其他企业组织、行业协会选派，也可以由上级企业联合会/企业家协会组织区域内的企业主经民主推选或授权委托等方式产生，首席代表由企业方代表民主推选产生。

2. 提出要约

按照规定，工会或企业均可以书面形式向对方提出集体协商的要求，另一方在收到协商要求之日起 20 日以内给予回应，无正当理由不得拒绝进行集体协商。

区域性行业性集体协商要约的提出要征求职工的意见。一般来说，区域性集体协商主要是保障法律法规和基本劳动标准在本区域内的落实。在一个区域内，有不同的行业，企业的经济效益相差较大，往往难以规定区域内的劳动标准。行业性的集体协商可以规定行业内部的劳动标准，有利于规范行业内部的行为，促进该行业的健康发展。推行行业性集体协商是集体合同制度发展的一个重点。

3. 召开集体协商会议

一般来说，集体协商主要采取协商会议的形式，由双方人数对等的正式代表参加，协商会议由双方首席代表轮流主持，也可以公推相关组织的领导人主持。协商会议一般按照双方商定的协商议题进行，视商议的具体情况，进行一轮或多轮的协商。在协商过程中双方均可提议增加新的协商内容，但应在原定议题协商完毕后，再就新增内容进行商议。每次协商会议的结果都要记录在案，由双方首席代表签字确认。

4. 职工审议集体合同草案

经协商一致的区域性行业性集体合同草案进入职工审议程序时，各地工会一般采取三种方式解决：

（1）对于区域性行业性集体合同覆盖范围内的企业已经建立职代会制度的，应将集体合同草案提交企业职代会审议通过。

（2）对于未建立职代会的企业，通过临时职工大会讨论通过。

（3）张榜公示，广泛听取职工的意见。

5. 审查备案

集体合同草案经职工表决通过后，职工方与企业方的首席代表在集体合同文本上签字。自签字之日起10日内，将集体合同文本一式三份报送人社部门，由其对集体合同签约主体资格、合同内容、签订程序进行合法性的审查备案，在15日内未提出异议的即行生效。如果人社部门提出异议，工会方要积极会同企业方按照协商和签约的程序规定，对异议部分依法进行修改后重新报送人社部门审查备案。

6. 所属企业可进行二次协商

区域性行业性集体合同主要规定的是基本劳动标准，该区域或该行业的企业可以根据企业的情况，进行二次协商，对区域性行业性集体合同没有涉及的有关问题作出规定，或者认为区域性行业性集体合同所规定的标准偏低，企业协商确定新的标准，以利于更好地规范企业的劳动关系，维护职工的合法权益。企业进行二次协商所确定的劳动标准不得低于区域性行业性集体合同的规定。

注意事项

1. 区域性行业性集体协商可与协调劳动关系三方会议结合进行

目前，有的地方将区域性行业性集体协商与该区域的协调劳动关系三方会议结合进行，三方代表参加协商，一般由政府方的代表主持协商会议，由工会方和企业方的代表在协商一致后签订集体合同或专项集体协议。这是集体协商机制在区域发展的新形式，这种协商方式不会影响工会与企业主体双方的法律地位。政府方的参与有利于协调解决矛盾，引导双方处理好各种利益关系，促进双方的合作，建立企业和本地区和谐稳定的劳动关系。

2. 建立区域性行业性职代会制度

适应非公有制企业民主管理制度的发展要求，积极探索建立区域性行业性的联合职代会制度或企业集群职代会制度，解决本地区的区域性行业性集体合同草案的审议通过办法和途径，使职代会制度和集体合同制度互为促进、协调发展。

3. 尊重职工作为集体合同的主体的地位

区域性行业性集体协商与企业的集体协商一样，都要遵守法定的基本程序，尊重职工作为集体合同的主体地位。区域性行业性的工会组织要经该区域或行业的会员（代表）大会选举产生，参加区域性行业性集体协商的职工协商代表要由工会选派或职代会选举确定。区域性行业性集体协商要约要从职工中来，听取职工的意见，达成一致的集体合同草案要提交区域性行业性职代会审议通过。

范例

认可协议书

经过职工方代表与企业方代表协商，对__________工会（联合会）代表全体职工与__________企业（行业）协会签订的区域（行业）集体合同予以确认。在认真执行区域（行业）集体合同的基础上，就本企业劳动关系的有关事项，达成以下补充协议：

1. 企业工资制度；

2. 职工工资总额增长幅度；

3. 工资支付时间；

4. 加班加点工资的计算基数和计发标准；

……

企业方首席代表：	职工方首席代表：
（签字盖章）	（签字盖章）
年　月　日	年　月　日

行业集体合同

为建立________街________行业稳定协调的劳动关系，促进________行业的企业健康发展，维护__________行业职工共同的合法权益，根据《中华人民共和国劳动法》《中华人民共和国工会法》《中华人民共和国公司法》《中华人民共和国劳动合同法》和《集体合同规定》《××省集体合同条例》《××省企业工会条例》《××市工会条例》的相关规定，经__________街__________行业工会联合会（以下简称工会联合会）代表本行业企业工会及全体职工与全街__________行业的企业代表组织（以下简称企业代表），依法就职工劳动用工、劳动报酬、工作时间、休息休假、保险福利、劳动安全卫生等事项进行平等协商，达成一致协议，签订本合同。

第一章　总　则

第一条　本合同的条款对全街________行业的所有企业和全体职工都具有约束力。

第二条　企业与职工个人签订的劳动合同条款、标准，不得低于本合同的规定。

第三条　本合同有关职工劳动用工、劳动报酬、工作时间、休息休假、保险福利、劳动安全卫生等方面待遇的条款，应不低于国家法律法规和××市的有关规定，并努力提高本企业水平和标准。

第四条　双方订立本合同的目的是：运用法律形式维护企业与职工双方的合法权益，确立维护和发展企业与职工之间稳定协调的劳动关系，规范双方的行为，增进双方的合作，调动各方面的积极性，共谋企业发展。

第五条　行业内的企业和工会依据本合同的原则和内容，履行各自协调劳动关系的权利和义务，促进企业发展。

第二章　劳动用工

第六条　企业用工实行劳动合同制。自用工之日起与所有职工都要签订书面劳动合同，并将职工列入本单位职工名册。自用工之日起一个月内，经企业书面通知后，职工不与企业订立书面劳动合同的，企业应当书面通知该职工终止劳动关系，无需向该职工支付经济补偿，但是应当依法向该职工支付其实际工作时间的劳动报酬。

第七条　企业男女职工同工同酬。

第八条　企业对女职工实施特殊保护。

企业安排女职工经期、孕期、产期和哺乳期工作的，应符合国家的规定。

第九条　企业严禁招用未满 16 周岁的未成年人。

第十条　严禁以暴力、威胁或者非法限制人身自由的手段强迫职工劳动；严禁侮辱、体罚、殴打、非法搜查和拘禁职工。

第十一条　企业的招工计划和实施情况应向企业工会（企业未建工会的向行业工会联合会）通报。企业工会（或行业工会联合会）有权帮助、指导职工与企业依法订立和履行劳动合同。

第十二条　职工个人劳动合同期满后，如无特殊原因（指：严重违反劳动纪律和规章制度的；严重失职，营私舞弊，对企业利益造成重大损害的；依法被追究刑事责任的），愿意续签合同的，企业应当续签劳动合同。若企业生产经营状况发生严重困难，确需裁减人员的，应当提前 30 日向工会联合会、本企业工会和全体职工说明情况，听取工会联合会、本企业工会和职工的意见。经向人力资源和社会保障部门报告后，可以裁减人员。如果企业裁员后，在 6 个月内录用人员时，应当优先录用被裁减人员。

第三章　劳动报酬

第十三条　企业根据劳动法律法规和国家政策的规定，遵循按劳分配和按生产要素分配的原则，依法确定企业的基本工资制度。

第十四条　企业通过对各岗位劳动条件、实际劳动消耗量、职工技术水平等因素进行岗位劳动评价，分别确定不同岗位人员的工资标准。

第十五条　本行业内企业职工月工资应适当高于××市政府公布的当年度最低工资标准。

第十六条　企业以货币形式支付职工工资，每月按约定的工资发放日足额发放。工资发放日遇法定节假日或休息日的，应当在之前的工作日发放。

第十七条　企业应按《劳动法》及有关法律法规规定支付职工加班工资。加班工资以职工本人标准工资或以计件工资为基数。

第十八条　职工依法享受婚假、丧假、探亲假、年休假、计划生育假、产假期间应视为提供正常劳动，支付工资。

第十九条　职工患病或非因公负伤医疗期间，病假工资或者疾病救济费可以低于本市最低工资标准支付，但不得低于最低工资标准的80%。

第二十条　本行业的企业根据市政府公布的年度工资指导线、工资指导价位和本企业职工工资水平及经济效益，确定本年度本企业职工工资增减幅度。建立职工工资正常增长和调整机制，使职工工资随经济效益提高正常增长。

第四章　工作时间和休息休假

第二十一条　按照《国务院关于职工工作时间的规定》，本行业的企业职工实行每日8小时工作制，每周不超过40个小时。

企业确因工作需要，经与企业工会和职工协商后可以延长工作时间，一般每日不得超过1小时；特殊情况需要延长工作时间的，经企业工会同意，在保障职工身体健康的条件下延长工作时间每日不得超过3小时，每月不超过36小时，加班时间支付不低于150%的工资报酬；休息日安排工作又不能安排补休，支付不低于工资200%的工资报酬；法定休假日安排工作，支付不低于工资300%的工资报酬。

第二十二条 企业主要管理人员、后勤人员和其他因工作原因无法按标准工作时间上班的人员实行综合计算工时工作制。

第二十三条 对实行综合计算工时工作制的职工，采取集中工作、集体休息、轮班、顶班、调休等方式，确保职工的休息、休假权利。对于按月综合计算超过标准工作时间的部分，按照加班加点工资支付。

第二十四条 对于设备抢修、发生自然灾害事故等必须加班加点的，可由企业决定，职工应服从企业安排。

第二十五条 职工在法定节假日及依法参加社会活动期间，企业应按劳动合同约定的工资标准支付职工工资。

第二十六条 职工执行有事请假制度（具体由行业内各企业单位自主确定）。

第五章 劳动保险与福利

第二十七条 本行业内所有职工依法享有社会保险待遇。企业按照××市相关规定为全体职工缴纳各项社会保险费（在农村参加新农村合作医疗保险的除外），缴费情况每年向全体职工公布一次。

第二十八条　个别职工（含外来务工人员）不愿参加××市社会保险的，要向企业提交书面说明。

第二十九条　企业未参加工伤保险或者未按时足额缴纳工伤保险费影响职工工伤保险待遇的，职工因工负伤、因工致残、因工死亡以及患职业病的，应享受的工伤保险待遇由企业支付，标准按《工伤保险条例》等法律法规执行。

第三十条　根据《中华人民共和国劳动法》相关规定：本行业的所有企业应为全体职工每年进行一次体检，费用由企业负担。

第三十一条　企业应努力改善在本企业内居住的外来职工食宿条件。办有职工食堂的要配备消毒柜，食品要有防蝇、防腐、防尘设备，储存分类保管。操作间与餐厅必须分设。无蚊蝇、老鼠、蟑螂。宿舍门窗完好无损，有条件的可配置电视机和阅读、健身设施。

第三十二条　本行业的所有企业为家庭确有困难的职工提供困难救济。

第六章　劳动安全卫生

第三十三条　本行业的各企业严格执行国家有关劳动保护的法律法规，建立健全本企业劳动安全卫生制度；为职工提供符合国家规定的劳动安全保护用品，不断改善职工工作环境。

第三十四条　本行业的所有职工严格遵守企业劳动安

全卫生工作规章制度，认真执行各项操作规程，积极参加安全培训和教育，依法获得劳动安全卫生保障。

第三十五条　本行业的各企业工会有义务组织职工接受安全技术培训和管理，教育职工严格遵守用人单位的各项安全生产规章制度和操作规程，提高职工安全技术素质和自我防护意识，并对用人单位安全教育培训和持证上岗情况进行监督。

第三十六条　本行业的各企业与职工订立劳动合同时，应当将工作过程中可能产生的职业病危害及其后果、职业病防护措施和待遇等如实告知职工，并在劳动合同中写明，不得隐瞒或者欺骗。

第三十七条　企业发生安全生产事故，应如实报告安全生产监督管理部门和工会。在处理安全生产事故时，企业工会有权依法参与调查并向有关部门提出处理意见。

第七章　纪律与奖惩

第三十八条　本行业的各企业按照国家有关规定，有权制定本企业规章和管理制度，但涉及职工切身利益的规章制度要经职工（代表）大会通过。

本合同的法律效力大于本企业规章和管理制度。

职工与企业发生劳动纠纷，出现本合同和劳动合同、规章制度表述不一致时，职工可选择对自己最为有利的表述。

第三十九条　职工应当遵守企业管理制度，按时完成工作任务。

第四十条　对模范遵守企业管理制度、工作成绩突出的职工，企业给予表彰奖励。对违反企业管理制度的职工，依照劳动法律法规、企业管理制度予以处罚；对于造成质量事故、破坏生产设施、设备，发生贪污、盗窃事件，给企业造成损失的，企业有权依法追究其相关责任。

第四十一条　企业对职工进行处分时，应事先征求企业工会意见，允许受处分人员进行申辩；企业违反规定对职工处分不当的，工会有权要求重新处理。

第八章　监督检查

第四十二条　为确保本合同的全面履行，本行业协会、本行业工会联合会（或街工会联合会）、各企业工会和各企业将组织集体合同监督小组，每半年对本合同履行情况进行监督检查。

第四十三条　因履行本集体合同发生的争议，首先由双方首席代表协商解决；协商不成的，由平等协商和集体合同监督小组协调解决。仍无法解决的，按有关规定的仲裁程序办理。

第九章　集体合同的修订、续订

第四十四条　在本合同的有效期内如遇特殊情况，行业工会联合会（或街工会联合会）、各企业工会和各企业都有权提出修改合同条款的要求，经平等协商后可以签订补充合同，补充合同条款与本合同具有同等效力。

第四十五条　本合同有效期为____年，自____年____月____日起到________年____月____日止。

第四十六条　本合同期满前三个月由行业工会联合会（或街工会联合会）代表与本行业企业代表协商签订新的集体合同。新集体合同签订生效前，本合同继续有效。

第四十七条　本合同未尽事宜，依现行法律、法规执行。本合同所依据的法律、法规发生变更时，如与新的法律、法规没有冲突，仍依本合同条款执行；若本合同条款与新的法律、法规相悖，按新的法律、法规规定执行。

第四十八条　本合同报区人力资源和社会保障局审查后，在各企业公示。

本合同相同文本报区总工会备案一份、行业协会、行业工会联合会（或街工会联合会）存档各一份，各企业工会和各企业行政各保存一份。

行业协会（盖章）：　　行业工会联合会（盖章）：

企业方首席代表（签字）：　　职工方首席代表（签字）：

年　月　日　　年　月　日

协商双方代表名单

	序号	姓名	性别	年龄	职务	身份证号码
企业方代表	1					
	2					
	3					
	4					
	5					
	6					
	7					
	8					
	9					
	10					
职工方代表	1					
	2					
	3					
	4					
	5					
	6					
	7					
	8					
	9					
	10					

××街（××行业）集体合同覆盖企业名单

（本行业以下企业，认可并愿意履行经平等、充分协商后签订的本集体合同）

序号	企业名称	法定 代表人	工会主席	职工人数
	（盖企业公章）	（签名）	（签名）	

第二部分

集体合同审查、续签、变更、解除和终止流程

集体合同审查流程

图示

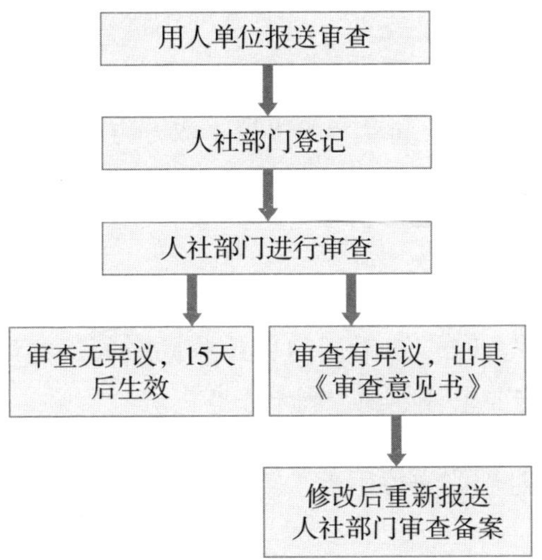

图示解说

1. 用人单位报送审查

集体合同或专项集体合同签订或变更后，自双方首席代表签字之日起10日内，工会方要积极协助企业方将集体合同文本一式三份报送人社部门。目前国家没有关于申报需要提供材料的统一规定，由各地人社部门自行规定，因此，需要提供的材料各地略有所不同，就一般来说，应当包括以下必需的材料：双方首席代表签字的集体合同或专项集体合同文本；《企业法人营业执照》复印件；《基层工会社团法人证明书》复印件；未建立工会的，提供职工方首席代表推选产生过程的首席代表的证明材料；双方首席代表身份证复印件、劳动合同文本复印件；首席代表不是企业、工会法定代表人的，需提供法定代表人签署的授权委托书1份，受委托人的身份证复印件；职工（代表）大会审议通过集体合同草案的决议；双方协商代表名单。

2. 人社部门登记

人社部门收到报送的集体合同及有关材料后，进行编号、登记并及时告知报送的单位收到时间。对报送材料不全的，应当要求补办，否则不予登记。

3. 人社部门进行审查

人社部门应当对报送的集体合同或专项集体合同的下列事项进行合法性审查：集体协商双方的主体资格是否符合法律法规规定；集体协商程序是否违反法律法规及相关规定；集体合同或专项集体合同内容是否与国家规定相抵触。

4. 审查无异议，生效公布

生效的集体合同或专项集体合同，应当自其生效之日起由协商代表及时以适当的形式向本方全体人员公布。双方还应对集体合同的履约情况进行监督检查。集体合同主要通过内部的门户网站、公告栏等宣传媒体告知职工，还可以运用内部刊物、下发文件，广泛宣传。

5. 审查有异议，出具《审查意见书》

人社部门对集体合同或专项集体合同有异议的，应当自收到文本之日起 15 日内将《审查意见书》送达双方协商代表。《审查意见书》应当载明以下内容：集体合同或专项集体合同当事人双方的名称、地址；人社部门收到集体合同或专项集体合同的时间；审查意见；作出审查意见的时间；《审查意见书》应当加盖人社部门印章。

6. 重新审查

如果人社部门提出异议，工会方要积极会同企业方按照协商和签约的程序规定，对异议部分依法进行修改后重新报送人社部门审查备案。

注意事项

1. 审查前可送上级工会预审把关

实践中，有些地方和企业在集体合同草案签字前，送上级工会进行预审，由上级工会帮助基层工会把住关口、保证质量、加强指导。

（1）把住关口

就是把好集体合同的合法关，保证集体合同内容及其协商和签订程序符合国家和地方的法律规定和政策要求。通过预审工作，将“关口前移”，防止出现无效合同。

（2）保证质量

就是把好集体合同的质量关，保证集体合同内容具体实在，针对性强。通过预审工作，促使基层工会依据法律规定、政策要求和企业实际，尽可能细化、量化集体合同条款，形成企业的劳动标准和劳动条件，防止集体合同内容过于原则，或照搬照抄法规条文，缺乏可操作性。

（3）加强指导

就是通过预审及早发现问题，有针对性地提供相关信息资料，进行政策咨询，或直接帮助企业工会研究和修改集体合同草案，避免在集体协商和签订集体合同过程中发生意外情况，影响集体合同工作的顺利进行。

2. 可对人社部门的审查结果提出异议

签订集体合同一方或者双方不同意人社部门提出的书面异议的，可以书面要求重新审查。人社部门重新审查时，应当征求同级地方总工会和用人单位代表组织的意见。人社部门审查意见涉及集体合同的实质内容的，经双方协商修改后，应当按照程序提交职工（代表）大会审议通过后，由双方首席代表签字后报送人社部门审查。

范例

单位集体合同备案申请表

集申字第　　　号

用人单位方协商代表						
姓名	性别	年龄	身份证号码	职务	工作单位	备注
备案申请事项	1. 订立		2. 变更		3. 续订	
用人单位方其他说明： （盖章） 申请日期：　年　月　日						
人力资源和社会保障局意见： 承办人： 年　月　日						

集体合同审查意见书

用人单位名称			
用人单位方首席代表		职工方首席代表	
审查意见			

按照国家和本市规定的有关集体合同审查内容、程序对你们签订的集体合同进行了审查，意见如下：

1. 合同双方的主体资格：

2. 集体协商的程序：

3. 集体合同的内容：

人力资源和社会保障局（盖章）

年 月 日

编号			
送达人		送达日期	
用人单位方协商代表签字		日期	
职工方协商代表签字		日期	

集体合同续签或重新签订流程

图示

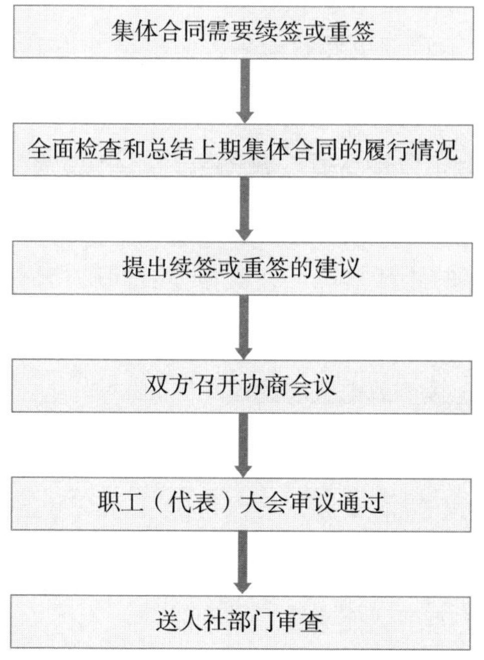

图示解说

1. 集体合同需要续签或重签

签订集体合同的期限一般为 1 年，也有 3 年一签的。当集体合同期满或双方约定的终止条件出现，即行终止。《集体合同规定》第三十八条规定，集体合同或专项集体合同期满前 3 个月内，任何一方均可向对方提出重新签订或续订的要求。工会作为职工方代表，应在集体合同期满前 3 个月，主动向企业方提出续签或重新签订集体合同的要求，并做好相应的准备工作。

在集体合同变更和解除后，应根据变更或解除集体合同的具体情况，适时做好集体合同的续签或重签工作。

2. 全面检查和总结上期集体合同的履行情况

在集体合同续签或重新签订前，要全面检查和总结上期集体合同的履行情况，并就集体合同履行情况、续签或重签工作广泛听取职工的意见。

3. 提出续签或重签的建议

提出续签或重签的建议，确定协商的内容，或起草新的集体合同草案的工作，可以由工会方或企业方承担，也可以由工会方同企业方共同起草。

4. 双方召开协商会议

在充分协商的基础上，对原集体合同加以调整、充实和完善，也可以订立新的集体合同。双方确定新的集体合同内容要符合国家和地方法律法规和政策规定，充分体现职工的合理要求，能够反映企业发展变化的实际情况。合同的内容要具体细化，量化标准，增强可操作性，提高集体合同质量。

5. 职工（代表）大会审议通过

依照法定程序，新的集体合同草案提交职工代表大会或全体职工大会审议通过。

6. 送人社部门审查

报送人社部门审查备案，生效后即予公布。

注意事项

1. 变更或解除集体合同的具体情况

在集体合同变更或解除后，应根据变更或解除集体合同的具体情况，适时做好集体合同的续签或重签工作。比如，企业被兼并后，原集体合同失去了履约基础后被解除，应按新企业的隶属关系在组建工会的同时与企业方签订新的集体合同。企业停产或转产时，失去了全面履行集体合同的能力和条件，工会应在变更部分内容后与企业方续签集体合同，或签订新的集体合同。企业遭遇重大自然灾害，导致集体合同无法全面履行时，应就部分不履行或延迟履行集体合同条款的内容重新与企业方签订专项协议，作为原集体合同的附件，同样具有法律效力。

2. 集体合同应不断修订完善

在一些地方，集体合同制度推行的时间还不长，集体合同作用发挥还不够充分。应当抓住集体合同或专项集体合同期满前重新签订的机会，不断修订、完善企业内部的劳动管理制度和劳动标准，使重新签订的集体合同或专项集体合同在维护职工劳动权益，促进劳动关系和谐方面发挥更大的作用。从这个意义上来说，集体合同或专项集体合同到期后，不宜简单延续，应当进一步修订完善，重新签订。

3. 严格遵循签订程序

集体合同或专项集体合同不论是重新签订还是续签，都应当遵守法定的程序，双方协商一致、职工（代表）大会审议通过，双方首席代表签字、提交人社部门审查等。特别是续签集体合同或专项集体合同时，不能认为原合同是经过民主程序的，续签在内容上没有修改，就可以不再提交职工（代表）大会审议通过，续签也是一种签订行为，也必须经过民主程序审议通过后才具有法律效力。

集体合同变更、解除和终止流程

图示

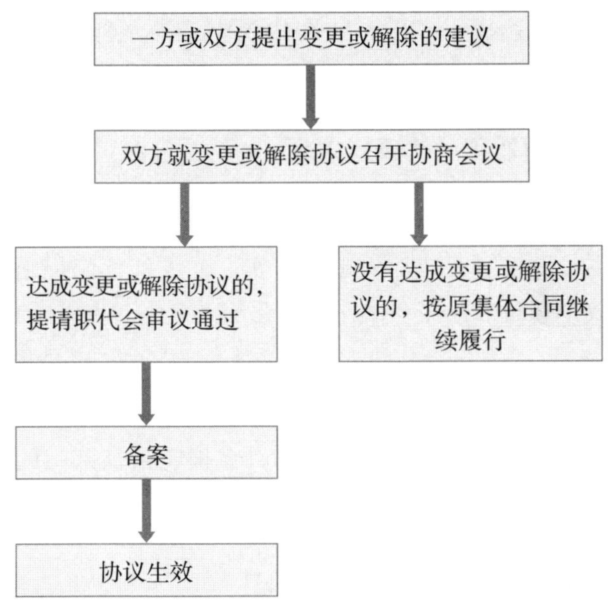

图示解说

1. 提出建议

当双方约定的变更、解除条件出现时，任何一方都可以提出变更或解除集体合同的建议，并说明需要变更和解除的条款与理由。另一方应及时做出回应。

2. 召开协商会议

双方经协商一致，达成变更或解除集体合同的协议。经协商没有达成一致的，或在协议书或原集体合同修正案尚未生效前，原集体合同仍然有效。

3. 召开职工（代表）大会

经职工代表或全体职工讨论通过变更或解除集体合同协议书，并报送人社部门审查备案。如人社部门提出异议，由双方重新协商。

4. 备案

变更或解除集体合同协议书，在报送人社部门的同时，企业工会应同时报送上一级工会备案。

5. 协议生效

协议生效后，原集体合同或原集体合同中有关条款即行终止。

注意事项

1. 集体合同变更和解除的条件

在集体合同履行过程中，如果出现了影响集体合同履行的情形时，一方或双方可以提出变更或解除的请求。在以下法定情形出现时，集体合同可以变更或解除：用人单位因被兼并、解散、破产等原因，致使集体合同或专项集体合同无法履行的；因不可抗力等原因致使集体合同或专项集体合同无法履行或部分无法履行的；集体合同或专项集体合同约定的变更或解除条件出现的；法律、法规、规章规定的其他情形。

2. 不得单方面变更或解除集体合同

集体合同依法生效后，具有法律效力，任何一方不得单方面变更或解除集体合同，即使法定变更或终止的条件出现了，也应当经过双方协商一致，履行变更或解除的相关程序。经协商没有达成一致或职工（代表）大会审议未获通过的，应当按照原集体合同继续履行。提出变更或解除的一方认为不能履行的，可以提起劳动争议，由劳动争议仲裁机构作出裁决。

第三部分

集体合同监督检查和争议处理流程

集体合同监督检查流程

图示

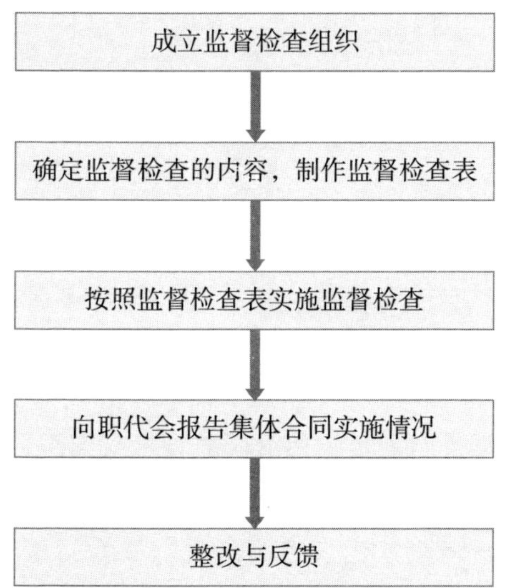

图示解说

1. 成立监督检查组织

要从实际出发，采取适合本地区和本企业实际的监督检查组织形式，主要有以下几种：

（1）企业集体合同监督检查委员会

企业监督检查委员会或监督检查小组由企业行政和工会共同组成，并制定相应的制度和实施细则。委员会（小组）根据企业的管理体制和治理结构分级设立，由企业行政和工会负责人及职工代表组成，工会和行政负责人兼任正副主任，工作机构设在工会。委员会（小组）对本企业集体合同履行情况进行定期（一般半年一次）检查和专项检查，并及时将检查情况向企业行政和工会报告。通过检查，督促有关部门落实集体合同的各项条款，对存在的问题提出整改意见，并具体落实到责任部门；对拒不履行集体合同的行为提出追究违约责任的意见和建议。

（2）职工代表大会专门工作委员会

由职工代表选举产生，负责组织职工代表参与集体合同履行情况的监督检查和巡视活动；对职工群众普遍关注的问题和劳动关系中的突出矛盾进行专题检查，对职工代表大会负责并报告工作。

（3）区域性行业性集体合同监督检查组织

由区域或行业工会和区域企业组织或行业协会有关人员，吸收企业和职工代表组成，对区域性行业性集体合同所覆盖的企业履行集体合同情况进行定期和不定期的检查，及时发现和协调解决集体合同履行中的问题，加大区域性行业性集体合同的履行力度，督促集体合同所规定的劳动标准和劳动条件在其所覆盖的各企业的落实。

（4）三方联合监督检查组织

由相应一级的人社部门、工会组织和企业代表组织三方共同组成联合监督检查组织，有针对性地开展集体合同工作联合检查活动，形成三方协调联动机制，推动企业建立健全集体合同制度，提高建制率，扩大覆盖面，增强实效性。重点是加强集体合同的履约监督，保障集体合同的有效实施，充分发挥集体合同的作用。

2. 确定监督检查的内容

集体合同的监督检查要贯穿于集体合同工作的整个过程。具体内容有两个方面：

（1）集体合同签订过程中的监督检查

主要是监督检查协商代表的产生、构成和资格的有效性；协商程序和集体合同内容是否符合国家与地方的法律法规和有关政策；集体协商、职代会审议、签订集体合同、报送审查、公布生效的情况。

（2）集体合同履行过程中的监督检查

主要是监督检查集体合同履行情况、存在问题和整改措施的落实情况；集体合同变更、解除、终止、争议处理情况；企业、工会和职工在集体合同履行中行使权利和承担义务的情况，违约责任的追究等。

3. 实施监督检查

实施集体合同的监督检查，形式方法可灵活多样，做到定期检查与不定期检查相结合、专项检查与全面检查相结合、集中检查与抽查相结合、上级检查与自查相结合；要将人大的执法检查、人社部门的劳动监察和工会的劳动法律监督相结合，综合运用行政的、法律的、经济的、民主的手段，以及社会舆论监督等多种途径，保证集体合同的法律严肃性和权威性。

4. 向职代会报告，整改与反馈

对集体合同实施监督检查的结果应当有书面的报告，载明集体合同条款中哪些已经落实以及落实的情况；哪些还没有落实，没有落实的原因，下一步如何落实的建议。集体合同监督检查的报告应当向职代会报告，职代会对集体合同的履行情况应当作出决议。对集体合同尚未落实的条款的整改情况，应当及时监督，予以公开。

注意事项

1. 重在建立机制

建立集体合同制度，关键是建立集体协商机制。协商是基础，要把集体协商贯穿于签订和履行集体合同的全过程。签订集体合同前要协商，履行集体合同中遇到问题也要通过协商加以解决。要明确集体协商机制的内容、程序和办法，形成制度，加以规范，并在实践中不断加以充实和完善。

2. 坚持因企制宜

选择适合本企业的监督检查方式，因企制宜，灵活多样。注意同企业的改革改制相衔接，有利于促进建立和完善现代企业管理制度。对于生产经营困难的企业要统筹兼顾企业发展和职工权益、近期利益与长远利益，既不过高要求，也不迁就企业推脱责任，有利于促进集体合同的履约兑现。

3. 强化职工参与

加强和组织职工的民主监督，最大限度地提升职工群众的关注程度，建立以职工满意度为主要内容的职工评价体系，通过建立职工对集体合同违约行为的举报制度、设立职工代表监督岗、开展职工代表质询和巡查活动等，形成职工广泛参与、专兼结合、全方位全过程的集体合同履约监督制度。

4. 借助舆论力量

工会要重视舆论宣传工作，加强与新闻媒体的协调沟通，利用多种方式和渠道，为集体合同工作广泛造势，宣传推广典型经验，不断扩大集体合同工作的社会影响力，提高社会的认知度，形成关心集体合同工作的氛围。同时，可以有选择地对拒不签订集体合同或拒不履行集体合同的典型案例进行曝光，形成强有力的舆论压力，推动集体合同制度在所有企业的建立和有效实施。

范例

第×届×次职工代表大会
关于《集体合同》履行情况检查结果的报告

各位代表、同志们：

我受公司集体合同监督检查委员会委托，向各位代表报告对××××年《集体合同》《工资集体协商合同》和《女职工特殊利益专项合同》的履行的监督检查情况，请予审议。

为了保证《集体合同》《工资集体协商合同》和《女职工特殊利益专项合同》的各项条款落到实处，并及时发现和纠正存在的问题，公司集体合同监督检查组于×届×次职代会闭会期间分两次对《集体合同》《工资集体协商》和《女职工特殊利益专项合同》的执行情况进行了检查。现将检查结果报告如下：

1. 在合同的贯彻执行中，公司与工会坚持定期检查与日常动态检查相结合，加强合同执行的动态管理，组织人员对各基层单位和施工现场的安全生产环境、安全防护措施进行了检查，并对在生产操作过程中违规操作等不安全问题进行了整改。××××年没有发生一起劳动安全纠纷案件。

2. 企业严格执行各项管理制度，及时修改企业生产经营管理办法，并根据公司经济发展情况，经职代会审议通过，对工资分配办法进行了调整，年度工资增长15.4%，并按时足额为职工发放工资。

3. 公司根据国家有关法律规定，按时为职工缴纳各类保险和住房公积金，并按国家规定的比例提取职工福利费。

4. 公司按合同规定，认真履行了对全体职工进行综合素质培训。

5. 按照《集体合同》的约定，公司做到了三年将退休人员的欠发工资全部补发完的承诺。

6. ××××年，公司为480多名女职工免费进行了体检。

××××年集体合同总的履行情况是：合同兑现率达98%。劳动用工制度健全，劳动安全卫生得到保证，合同规定的各项福利待遇落实到位，职工教育培训工作进一步加强，各类奖罚制度、措施得到了有效落实，职工的合法权益得到了切实的保障。

监督检查委员会对××××年企业与工会履行集体合同情况表示满意。

集体协商争议处理流程

图示

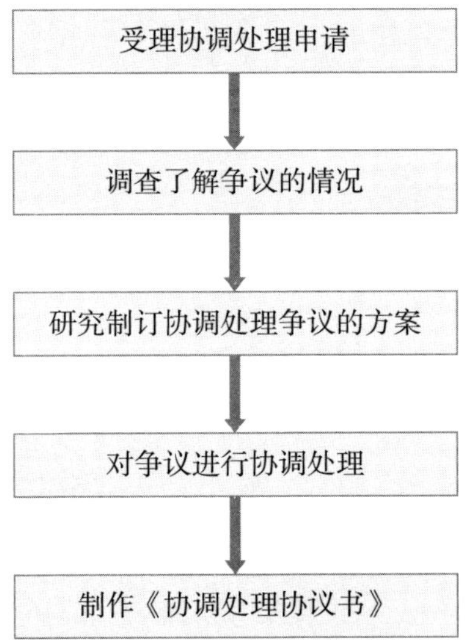

图示解说

1. 受理协调处理申请

集体协商过程中发生争议，双方当事人不能协商解决的，当事人一方或双方可以书面向人社部门提出协调处理申请；未提出申请的，人社部门认为必要时也可以进行协调处理。

人社部门应当组织同级工会、企业联合会/企业家协会、工商业联合会等企业组织，共同协调处理集体协商争议。

2. 调查了解争议的情况

协调处理集体协商争议，应当弄清争议的原因，按照公平合理的原则，既要考虑企业的承受能力，促进企业健康发展，又要维护职工的合法权益，促进劳动关系和谐稳定。

3. 研究制订协调处理争议的方案

根据当地的企业工资指导线、劳动力市场工资指导价位等方面的情况，由三方共同确定处理争议的具体意见和办法。

4. 对争议进行协调处理

人社部门可以通过召集争议双方陈述各自协商意见，并由争议相关方提供证据；与有关各方共同对双方协商意见合理性进行调查；根据需要可委托社会第三方对双方协商意见进行合理性评估；协调双方利益争议，促进双方继续协商。协调处理集体协商争议过程应当载入相关书面笔录，记载工作进程与进展情况。

5. 制作《协调处理协议书》

《协调处理协议书》应当载明集体协商争议协调处理申请、争议的事实和协调结果，双方当事人就某些协商事项不能达成一致的，应将继续协商的有关事项予以载明。《协调处理协议书》由集体协商争议协调处理人员和争议双方首席代表签字盖章后生效。争议双方均应遵守生效后的《协调处理协议书》。

注意事项

1. 集体协商争议的受理及管辖

集体协商争议处理实行属地管辖，具体管辖范围由省级人社部门规定。中央管辖的企业和其二级公司以及跨省、自治区、直辖市用人单位因集体协商发生的争议，一般由省级人社部门组织同级工会和企业组织等三方面的人员协调处理，必要时，国家级人社部门也可以组织有关方面协调处理。

2. 集体协商争议的时限

协调处理集体协商争议，应当自受理协调处理申请之日起 30 日内结束协调处理工作。期满未结束的，可以适当延长协调期限，但延长期限不得超过 15 日。

范例

集体协商争议协调处理申请表（单位或组织）

<table>
<tr><td>申请调处单位
或组织名称</td><td colspan="3"></td></tr>
<tr><td>组织机构代码</td><td></td><td>上级单位或
组织名称</td><td></td></tr>
<tr><td>住所地</td><td></td><td>邮政编码</td><td></td></tr>
<tr><td>申请调处单位或组织
法定代表人（负责
人）姓名</td><td></td><td>职务</td><td></td></tr>
<tr><td>申请调处单位
或组织联系人</td><td></td><td>联系电话</td><td></td></tr>
<tr><td>争议另一方组织
或单位名称</td><td colspan="3"></td></tr>
<tr><td colspan="4">调处申请诉求：

争议事实与申请理由：

申请单位或组织的委托人（签章）
申请单位或组织（盖章）
年　月　日</td></tr>
</table>

集体协商争议协调处理申请表（职工代表）

申请调处职工代表所在企业名称			
组织机构代码		上级单位名称	
住所地		邮政编码	
职工代表姓名		联系电话	
职工代表姓名		联系电话	
职工代表姓名		联系电话	
调处申请诉求： 争议事实与申请理由： 申请调处职工代表（签章） 年　月　日			

集体协商争议协调处理协议书

双方当事人：____

____。

争议的事实：____

____。

调处的结果：____

____。

职工一方首席代表（签章）：

企业一方首席代表（签章）：

主持争议调处的协调员（签章）：

年　月　日

集体合同争议处理流程

图示

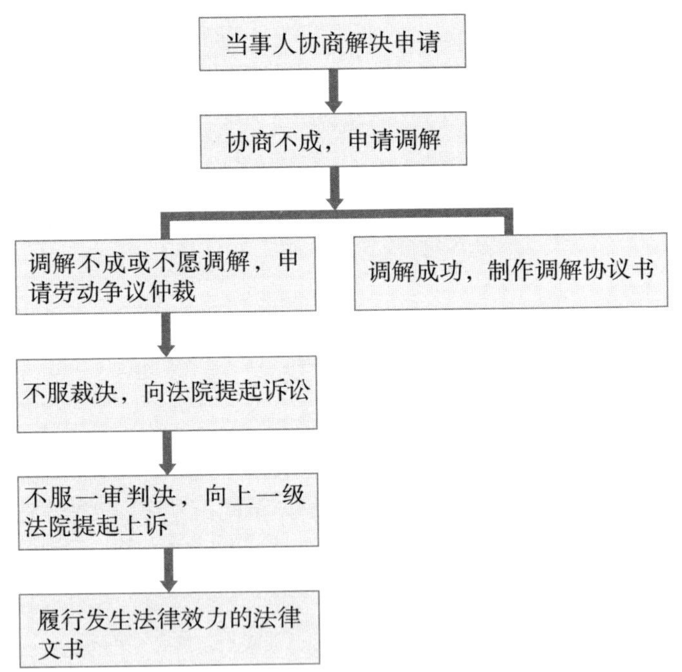

图示解说

1. 当事人协商解决申请

集体合同履行过程中发生争议，集体合同双方当事人都可提起协商解决申请。就职工方来说，可以是工会组织或职工集体协商代表，也可以是职工本人。职工认为企业没有按照集体合同的规定履行义务，侵害了自身通过集体合同取得的权利时，可以以自己的名义提起申请。

2. 协商不成，申请调解

发生履行集体合同的劳动争议，当事人应当首先通过协商的办法解决，也可以请工会或者第三方共同与用人单位协商，达成和解协议。当事人不愿协商、协商不成或者达成和解协议后不履行的，可以向调解组织申请调解。

3. 调解成功，制作调解协议书

履行集体合同的争议经劳动争议调解组织的调解达成协议的，应当制作调解协议书。调解协议书由双方当事人签名或者盖章，经调解员签名并加盖调解组织印章后生效，对双方当事人具有约束力，当事人应当履行。一方当事人在协议约定期限内不履行调解协议的，另一方当事人可以依法申请仲裁。

4. 调解不成或不愿调解，申请劳动争议仲裁

集体合同仲裁是当事人双方在履行集体合同过程中发生争议，调解不成时，可以由任何一方或双方提请人社部门进行争议裁决的法律行为。集体合同争议仲裁按照三方性原则，由政府人社部门、工会组织和企业代表组织三方组成的仲裁委员会裁决，仲裁机构一般设在人社部门。

5. 不服裁决，向法院提起诉讼

当事人对裁决不服的，可以自收到裁决书之日起 15 日内向法院提起诉讼。诉讼程序适用于民事诉讼法的规定。工会可支持和帮助职工向法院提起诉讼，代理职工参与诉讼，为职工提供法律援助。

6. 不服一审判决，向上一级法院提起上诉

当事人不服一审判决的，可依法提起二审程序。当事人必须在一审判决书送达之日起 15 日内向上一级法院提起上诉。二审程序，对判决的上诉案件应当在立案后 3 个月内审结，对裁定的上诉案件应该在立案后 30 日内审结。二审法院作出的判决是终审判决。

7. 履行发生法律效力的法律文书

一般情况下，发生法律效力的法律文书，如判决书、仲裁裁决书、仲裁调解书等，由当事人自觉履行。但如果当事人不履行，另一方当事人可以向法院申请强制执行。

注意事项

1. 加强工会组织建设

特别是要做好工会社团法人登记，依法取得社团法人资格，明确其具有独立承担民事责任能力，有权代表职工提请争议调解和仲裁。工会作为社团法人，代表职工行使诉讼权，必须依法办理社团法人资格证书、代码证、建立独立账号。

2. 签订规范的集体合同

集体合同内容和签订程序必须符合法律法规和政策，符合企业实际，做到程序规范，内容具体、标准量化、权责明确，一旦发生集体合同争议就有进行调解和裁决的依据。例如，对于个别企业拖欠职工的工资和医药费、欠缴的各项社会保险费、企业内部的集资款、失业并轨后的经济补偿金等都要理清底数，在集体合同中明确规定具体的偿还计划、时限和措施等；对职工的招用和待遇，企业富余职工的下岗分流、安置、辞退或者解除劳动关系等，亦都要在集体合同中有明确的约定，并按规定做好集体合同的送审和登记备案工作。

3. 代表职工提请仲裁

工会要积极督促企业履行集体合同。当发生争议时，主要通过协商来解决，协商不成时，要主动向人社部门和上级工会申请调解。必须提请人社部门仲裁时，工会应召开职工代表大会讨论，充分听取职工群众的意见，形成共同意愿，通过民主程序做出提请仲裁的决议。同时，准备好提请仲裁所需的法规依据、相关文件，提供翔实的情况资料、法律文书和说明等。必要时可以提请上级工会进行指导帮助或法律援助，以保证集体合同仲裁的合法性、准确性，提高仲裁的胜诉率。

范例

集体合同履行争议调解申请书

申请人：________（写明姓名、性别、年龄、职务、工作单位、地址、联系方式和邮政编码，如申请人是法人单位的，应写明单位全称、法定代表人姓名和职务、地址、联系方式和邮政编码等）。

被申请人：________（写明姓名、性别、年龄、职务、工作单位、地址、联系方式和邮政编码，如被申请人是法人单位的，应写明单位全称、法定代表人姓名和职务、地址、联系方式和邮政编码等）。

申请人与被申请人因________纠纷，现申请劳动调解委员会进行调解，申请调解的事实、理由和请求如下：

事实与理由：____

____

____。

调解请求：____

____

____。

此致

____________（调解组织）

附：

证据1：________________

证据2：________________

证据3：________________

……

（如有证人，写明证人姓名、住址、证据来源等）

申请人：________（签名或盖章）

________年____月____日

集体合同履行争议调解协议书

申请人：________（写明姓名、性别、年龄、职务、工作单位、地址、联系方式和邮政编码，如申请人是法人单位的，应写明单位全称、法定代表人姓名和职务、地址、联系方式和邮政编码等）。

委托代理人：________

被申请人：________（写明姓名、性别、年龄、职务、工作单位、地址、联系方式和邮政编码，如被申请人是法人单位的，应写明单位全称、法定代表人姓名和职务、地址、联系方式和邮政编码等）。

委托代理人：________

上列双方因________（事由）引起争议，申请人于________年____月____日向本________（调解组织）提出调解请求，经本会主持调解，双方协商，自愿达成协议如下：

1. ____；

2. ____；

3. ____；

……

当事人双方应自觉履行本调解协议。

申请人：________（签名或盖章）

被申请人：________（签名或盖章）

调解组织负责人：________（签名）

劳动争议调解组织：________（盖章）

________年____月____日

集体合同履行争议仲裁申请书

申请人：________（姓名或单位名称）

被申请人：________（姓名或单位名称）

（自然人写明姓名、年龄、民族或国籍、工作单位、用工性质、地址、电话、邮编等；单位写明工商登记的全称、地址、单位性质、法定代表人、职务、电话、邮编等）

请求事项：____

____

____。

事实和理由：____

____

____。

此致

________集体合同履行争议仲裁委员会

申请人：________（签名或盖章）

________年____月____日

附：

1. 副本________份；

2. 物证________件；

3. 书证________件。

集体合同履行争议仲裁调解书

______劳仲案字（______）第______号

申请人：________________

住所：__________________

委托代理人：____________

被申请人：______________

住所：__________________

法定代表人：________职务：________

委托代理人：________

案由及处理过程：

本委于________年____月____日立案受理了________与________集体合同履行争议纠纷一案。

申请人诉称：____。

被申请人辩称：____。

本委查明：____。

在本委主持下，当事人自愿达成如下调解协议：

1. ____；

2. ____；

3. ____；

……

本调解书送达后即发生法律效力。

上述协议，不违反法律规定，本委予以确认。

申请人：________（签名或盖章）

被申请人：________（签名或盖章）

仲裁员：________（签名）

________劳动争议仲裁委员会（盖章）

________年____月____日

集体合同履行争议诉讼起诉书

原告：______________

被告：______________

案由：______________

诉讼请求：______________________________________

____

____。

（写明要求确认双方劳动关系、要求被告支付原告工资、要求被告按照国家规定为原告缴纳社会保险费、要求被告支付原告一次性经济补偿等诉讼请求）

事实与理由：____________________________________

____

____。

（写明双方争议的有关情况及请求法院判决的理由和依据）

综上所述，被告违反《劳动法》的相关规定，侵害了原告的合法权益，根据法律和行政法规的规定，特向贵院提起诉讼，请求法院依法处理。

此致

____________人民法院

起诉人：________（签字盖章）

________年____月____日

注：起诉书的主要内容包括当事人名称、案由、诉讼请求、事实和理由以及受诉人民法院名称等。

第四部分

专项集体合同及集体协商质效评估流程

工资集体协商流程

图示

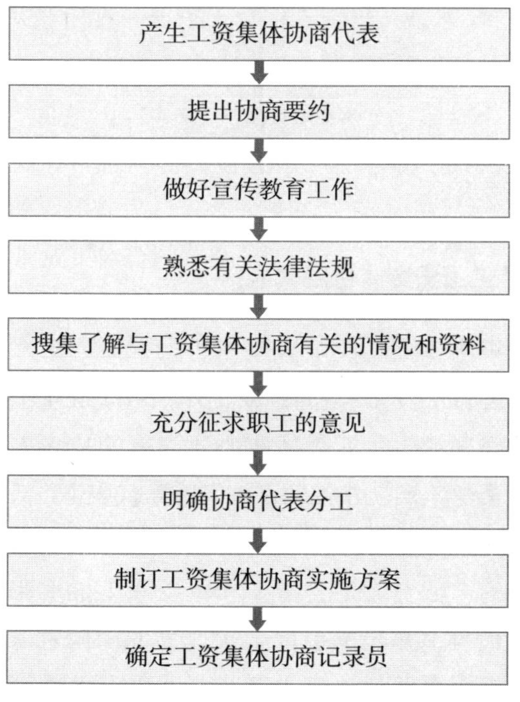

产生工资集体协商代表
提出协商要约
做好宣传教育工作
熟悉有关法律法规
搜集了解与工资集体协商有关的情况和资料
充分征求职工的意见
明确协商代表分工
制订工资集体协商实施方案
确定工资集体协商记录员

（续）

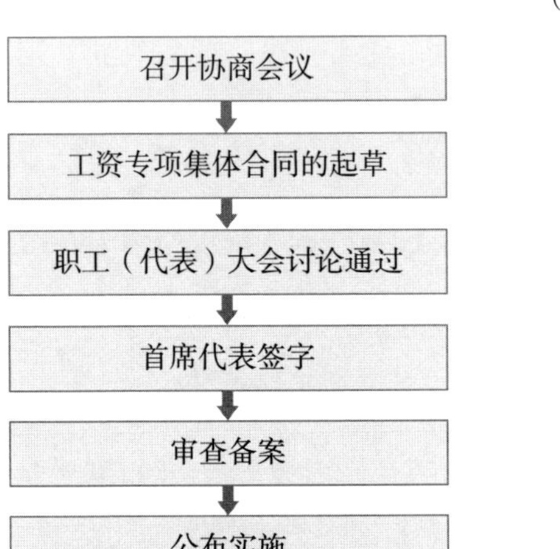

图示解说

1. 产生工资集体协商代表

工资集体协商代表是指按照法定程序产生并有权代表本方利益进行工资集体协商的人员。工资集体协商代表应依照法定程序产生。工资集体协商双方的代表人数应当对等，每方至少 3 人，并各确定 1 名首席代表。

职工一方的工资集体协商代表由本单位工会选派。未建立工会的，由上级工会指导本单位职工推举职工为工资集体协商代表，并经本单位半数以上职工同意。职工一方的首席代表由本单位工会主席担任。工会主席可以书面委托其他协商代表代理首席代表。工会主席空缺的，首席代表由工会负责人担任。未建立工会的，职工一方的首席代表从职工集体协商代表中民主推举产生。

用人单位一方的工资集体协商代表，由用人单位法定代表人指派，首席代表由用人单位法定代表人担任或由其书面委托的其他管理人员担任。工资集体协商双方首席代表可以书面委托本单位以外的专业人员作为本方协商代表。委托人数不得超过三分之一。首席代表不得由非本单位人员担任。

2. 提出协商要约

工会组织代表职工开展工资集体协商要约行动是保证工资集体协商顺利展开的首要环节和重要内容。职工和企业任何一方均可提出进行工资集体协商的要求。工资集体协商的提出方应向另一方提出书面的协商意向书，明确协商的时间、地点、内容等，另一方接到协商意向书后，应于20日内予以书面答复。同意协商的，双方应当约定协商开始的日期。

企业工会提出协商要约有困难的或在其他特殊情况下，其上级工会可依法代替基层工会向企业提出协商要约。工会提出协商要约后，企业方不按期回应或拒绝进行工资集体协商的，上级工会应依法下达“整改建议书”，提出整改建议；对逾期不改的企业，工会可提请人社部门责令其改正，直至追究其行政或法律责任。

3. 做好宣传教育工作

通过各种途径和形式，大力宣传工资集体协商的重要意义，宣传工资集体协商的基本知识和有关规定，提高企业经营管理人员和广大职工的认知度，达成共识，为开展工资集体协商奠定坚实的思想基础。

4. 熟悉有关法律法规

在开展工资集体协商前，工资集体协商代表应当认真学习、了解与工资集体协商有关的法律法规，如《劳动法》《工会法》《劳动合同法》《劳动争议调解仲裁法》《集体合同规定》《工资集体协商试行办法》等。通过掌握法律法规和依据政策，为工资集体协商提供有力支撑。

5. 搜集了解与工资集体协商有关的情况和资料

进行工资集体协商需要用事实和数据说话，因此应当搜集了解与工资集体协商有关的情况和资料，如当地政府发布的工资指导线、劳动力市场工资指导价位、最低工资标准、城镇居民消费价格指数等。还应当搜集了解企业内部的信息资料，如企业的劳动生产率、经济效益、财务状况，以及同行业的相关情况等。

搜集信息资料的主要方法包括：查询有关档案、资料；走访有关部门，如统计部门、物价部门、人力资源和社会保障部门等；向有关管理人员咨询，如企业财务人员、人力资源部门人员等。根据规定，在不违反法律法规的前提下，协商双方有义务按照对方要求，适时提供与工资集体协商有关的真实情况和资料。

6. 充分征求职工的意见

通过召开分工会主席、不同人员座谈会、问卷调查等形式，广泛了解职工群众在工资方面的意愿和要求。

7. 明确协商代表分工

对协商人员进行角色分工，明确每个协商代表应当主要阐述的问题，做到准备充足、有的放矢。

8. 制订工资集体协商实施方案

开展工资集体协商需要制订工资集体协商实施方案，包括工资集体协商目标、措施、方法、工作日程、协商论据、策略等。

9. 确定工资集体协商记录员

双方共同确定 1 名非协商代表担任工资集体协商记录员。记录员应保持中立、公正，并为工资集体协商双方保密。

10. 召开协商会议

按照规定，工资集体协商采取协商会议形式进行，协商会议由双方首席代表轮流主持，也可以请党组织负责人主持。双方应本着相互尊重、相互理解、积极合作的原则，平等协商，求同存异，就商谈事项充分交换意见，进行充分讨论。

协商会议一般按下列程序进行：宣布议程和会议纪律；一方首席代表提出协商的具体内容和要求，另一方首席代表就对方的要求作出回应；协商双方就商谈事项发表各自意见，开展充分讨论；双方首席代表归纳意见。达成一致的，形成工资专项集体合同的初步意见。

协商未达成一致意见或出现事先未预料到的情况时，经双方同意，可以暂时中止协商。协商中止期限最长不得超过30天。具体中止期限及下次协商的时间、地点和内容由双方共同商定。

11. 工资专项集体合同的起草

各企业应当成立工资专项集体合同起草委员会或者起草小组，主持起草工资专项集体合同。起草委员会或者起草小组由企业行政和工会各派代表若干人，推选工会和企业行政代表各1人，负责工资专项集体合同起草，提出工资专项集体合同草案。草案形成后应通过微信等形式，广泛听取职工代表的意见。

12. 职工（代表）大会讨论通过

工资专项集体合同草案应当提交职工（代表）大会讨论通过，会议工作程序一般有以下几项：

一是清点代表出席人数。参加职工（代表）大会的代表有全体代表的2/3以上出席会议方为有效。

二是把印制好的工资专项集体合同草案发至职工代表人手一份。

三是宣读工资专项集体合同草案，宣读人可由工会和企业双方共同议定。

四是作出说明。由工会主席或企业法定代表人就工资专项集体合同的产生过程、主要劳动标准确定的法律依据，以及职工和管理者各自应承担的主要义务作出说明。

五是分组讨论草案。以职工代表团（组）为一个讨论单位，认真讨论工资专项集体合同，各代表团（组）应认真做好记录。

六是大会主席团听取各职工代表团（组）的意见并进行必要的说明，取得大多数职工代表的认可。

七是大会表决。采取无记名投票表决方式。超过半数的职工或职工代表同意，工资专项集体合同草案方获通过。

八是形成职工（代表）大会决议。

13. 首席代表签字

工资专项集体合同草案经职工（代表）大会审议通过后，由工资集体协商双方首席代表签字。签字是工资专项集体合同订立过程中的一个必经法律程序，不得轻视或不履行签字手续。

14. 审查备案

根据《集体合同规定》的规定，工资专项集体合同签订后，应当自双方首席代表签字之日起 10 日内，由用人单位一方将文本一式三份报送人社部门审查。人社部门对报送的工资专项集体合同应当办理登记手续。同时，由企业工会报送上一级工会备案。

用人单位应当报送下列材料：用人单位基本情况及法人资格证明；双方协商代表材料，首席代表的基本情况及代表资格证明材料；工资集体协商记录；职工（代表）大会审议的意见；工资专项集体合同文本；对工资集体协商及签订过程和对工资专项集体合同的说明；工资专项集体合同附件材料。

人社部门应当对报送的工资专项集体合同的下列事项进行合法性审查：工资集体协商双方的主体资格是否符合法律、法规和规章的规定；工资集体协商程序是否符合法律、法规、规章的规定；工资专项集体合同内容是否与国家规定相抵触。

人社部门经审查对工资专项集体合同无异议，应及时向协商双方送达《工资专项集体合同审查意见书》，工资专项集体合同即行生效。

人社部门对工资专项集体合同有修改意见，应将修改意见在《工资专项集体合同审查意见书》中通知协商双方。双方应就修改意见及时协商，修改工资专项集体合同，并重新报送人社部门。

工资专项集体合同向人社部门报送经过 15 日后，合同双方未收到人社部门的《工资专项集体合同审查意见书》，视为人社部门已经同意，该工资专项集体合同即行生效。

15. 公布实施

工资专项集体合同生效后，协商双方应于5日内将工资专项集体合同以适当形式向本方全体人员公布。公布的形式一般包括：在本企业的厂务公开栏、门户网站上进行公布、印发全体职工或其他形式。

16. 工资专项集体合同的履行

依法签订的工资专项集体合同生效后即具有法律效力，协商双方必须全面履行，不得擅自违反合同约定的各项内容。签约双方应当开展定期的自查工作，各级人社部门、工会组织应加强对用人单位工资专项集体合同履行情况的监督检查，督促合同的落实。

注意事项

1. 工资是职工劳动权益的核心

对劳动者来说，工资是劳动力价值的价格体现，是劳动者生活的基本来源，是劳动者社会地位的经济基础，劳动者总是希望工资水平高一些，工资增长快一些。对企业来说，工资是生产成本中人工成本的主要组成部分，是投入活劳动的货币表现，是影响利润的重要因素，在劳动力市场允许的情况下，企业总是希望控制生产成本，减少人工费用，以利于实现利润最大化的目标。因此，工资问题不仅是职工劳动权益的核心，也是劳动关系矛盾的焦点问题，是集体协商的重点和难点。职工的工资要随着宏观经济形势的发展、企业经济效益的变化、职工提供劳动的不同等每年都进行调整，才能保障分配的公平，因为工资是集体协商的永恒主题。在一定意义上可以说，只有把工资问题协商调整好了，让职工实现了劳动的价值，集体合同才能说做到了“提质增效”。

2. 提高劳动者劳动报酬要靠有效的工资集体协商

十九届四中全会决议提出：“坚持多劳多得，着重保护劳动所得，增加劳动者特别是一线劳动者劳动报酬，提高劳动报酬在初次分配中的比重。健全劳动、资本、土地、知识、技术、管理、数据等生产要素由市场评价贡献、按贡献决定报酬的机制。”开展工资集体协商是贯彻落实增加劳动者劳动报酬的关键举措。现在政企分开，政府虽然可以通过制定最低工资标准、工资增长指导线等规范和指导企业调整工资水平，但是，企业实行什么样的工资制度，怎样调整工资水平，属于企业自主权，只要不违反有关法律法规，政府实际上不能干预，也就是说，十九届四中全会提高劳动者劳动报酬的要求单靠政府是落实不了的。依靠企业单方面落实也是不行的，虽然有些企业实行股份分红等制度，职工收入有了很大的提高，但是对大多数企业来说，劳动与资本的矛盾还是比较突出，为了实现利润最大化的目标，对提高劳动者劳动报酬，特别是让劳动要素参与利润分享，还是有很大的抵触，由企业单方面决定职工工资也不符合市场经济条件下工资决定机制的要求。开展工资集体协商就是要建立市场经济条件下工资共决机制，改变职工的工资由劳动力使用方单方面决定的现象，这种现象对劳动者来说，是一种制度的不公平。十九届四中全会“增加劳动者特别是一线劳动者劳动报酬，提高劳动报酬在初次分配中的比重”的要求能不能落实，劳动者能不能分享利润，关键在于工会在工资集体协商中是怎么谈的，有没有力度。

3. 要深入学习研究和积极探索社会主义市场经济条件下工资关系

工资问题不仅十分重要，也十分复杂。工资分配涉及国家企业和职工之间、所有者经营者与劳动者之间、不同岗位职工之间、不同生产要素之间的分配关系，正确处理这些分配关系，找到不同主体之间利益关系的均衡点十分复杂；工资水平的调整受到多种因素的影响，例如物价指数、企业经济效益、市场工资率、同行业平均人工成本等，每一种因素都不是决定性的，每一种因素又都是不能忽略的，如何正确处理影响工资水平各因素之间的关系，使工资水平的调整既保障职工的生活，有利于实现体面劳动，又能够促进企业生产发展，增强企业市场竞争力十分复杂；工资关系受到多种经济规律的共同调节，价值规律、竞争机制、供求关系等在工资关系调整中都要发挥积极作用，在工资关系的调整中如何遵守这些规律，正确处理不同经济规律在工资调整中的相互关系十分复杂。同时还要看到，在中国特色社会主义制度下，职工与企业的根本利益是一致的，共处利益共同体中，共同怀有中华民族伟大复兴的“中国梦”，这与西方工会的单纯劳权运动有着根本的区别，如何在中国特色社会主义制度下建立健全工资集体协商机制，还需要积极的探索。工会组织和职工集体协商代表要认清工会面临的新形势，认真学习和研究社会主义市场经济条件下的工资问题，建立和完善工会开展工资集体协商的体制机制，不断提高工资集体协商的能力，在实践中积极探索中国特色工资集体协商的思路和办法，使工资集体协商在维护职工合法权益、促进企业健康发展、构建和谐劳动关系的作用方面得到更好的发挥。

4. 工资专项集体合同的监督检查形式

（1）用人单位工会应与行政方成立联合监督检查小组，建立监督检查制度，对工资专项集体合同所约定内容的履行情况定期进行检查，对所出现的问题及时协商解决。合同的履行情况应当每年向职工（代表）大会进行报告，接受职工的监督检查。

（2）人社部门要通过审查工资专项集体合同、劳动保障执法监察、调处工资专项集体合同履行中发生的争议和追究违约责任等方式进行监督检查，督促签约双方全面履行合同。

（3）上级工会应对工资专项集体合同的履行情况进行监督检查，并及时会同有关部门研究解决出现的问题，促进合同的有效履行。

5. 工资专项集体合同履行过程中发生争议的处理

对工资专项集体合同履行过程中出现的问题，双方代表应及时协商，制订解决方案并共同实施。如果用人单位违反工资专项集体合同，侵犯工会或职工合法权益，并造成经济损失的，应按有关法律法规承担赔偿责任。此外，因履行工资专项集体合同发生的争议，当事人协商解决不成的，可以依法向劳动争议仲裁委员会申请仲裁。对仲裁裁决不服的，可在法定时间内向人民法院提起诉讼。

6. 工资集体协商策略的谋划和运用

策略的谋划和运用，是开展工资集体协商的重要因素，从一般意义上讲，通常运用的策略有以下几个方面：

（1）双赢策略

在工资集体协商过程中，要取得双方都满意的结果，既要考虑职工的利益目标，也要兼顾企业行政的利益目标。

（2）推进策略

在工资集体协商中，职工一方协商代表应明确：若劳动力市场求大于供（供不应求），根据“物以稀为贵”的交易原则，在工资集体协商时，可抬高要求，节节推进。

（3）退让策略

若劳动力市场供大于求，本企业经济效益低下，而且无论增加何种成本投入，经济效益预期仍难预料，此时，职工协商代表应当采取退却策略，以暂时的让步，换取未来的回报。

（4）坚守策略

若劳动力市场供求关系处于不稳定状态，企业内部人工成本投入和其他成本投入之间的效益比不稳定，此时，职工协商代表宜采取坚守策略，坚持不降低原有工资标准，并力争有所提高。

（5）迂回策略

各项劳动标准之间有着内在联系，即存在此消彼长的关系。对此，职工协商代表可采取相应的迂回策略。例如，当企业协商代表要求降低工资增长幅度时，职工协商代表可要求降低劳动定额，或要求提高加班加点工资标准；当企业提出裁减人员时，职工协商代表可要求缩短工作时间，实行带薪年休假等。

（6）包容策略

在工资集体协商中，要允许对方提出不同的观点、意见，认真倾听，理性思考，正确对待，求同存异，保证工资集体协商在和谐有序的气氛中进行。

范例

企业工资专项集体合同文本

××建筑安装公司工会开展工资集体协商要约书

×××总经理：

为构建本单位和谐稳定的劳动关系，维护职工合法权益，促进企业健康发展，根据《中华人民共和国劳动法》《中华人民共和国工会法》《××省集体合同条例》《××省企业职工工资集体协商条例》等法律法规及有关规定的精神，结合本单位劳动关系的实际情况，现提议双方就本年度的职工工资调整等问题进行集体协商。为使协商工作顺利进行，特提出如下建议：

一、协商的主要内容

1. 工资分配制度、工资标准和工资分配形式；

2. 职工年度平均工资水平及其调整幅度；

3. 加班工资计发基数；

4. 本公司最低工资标准；

5. 奖金、津贴、补贴等分配办法；

6. 其他由企业职工提出要求协商的与工资有关的问题。

二、协商的时间、地点

1. 时间：建议于××××年××月××日进行首轮协商，并视进度再商定其他轮次的协商时间，但最后一轮协商时间不宜超过××月××日。

2. 地点：整个协商过程宜在公用的会议室进行，首轮协商建议在公司办公楼三层会议室展开。

三、确定双方协商代表

按照《××省企业职工工资集体协商条例》规定，建议双方各选派5名代表。职工方协商代表：工会主席×××为首席代表，其他代表×××、×××、×××、×××。

请公司行政方也尽快提出协商代表名单，以便工作沟通和做好协商的准备工作。

四、为了便于协商的顺利开展，请提供以下资料：

1. 公司营业收入情况；

2. 公司利润情况；

3. 公司资产负债表；

4. 公司资产损益表；

5. 公司上年度职工工资总额和职工平均工资；

6. 经审计认定的、公司向集团公司承诺的经营计划或目标及其完成情况。

以上资料请公司在协商会议开始五日前，提供给职工方协商首席代表，所涉及的商业秘密，本方代表将严格遵守保密规定。

五、请收到本要约书起十日内予以书面答复。

××建筑安装公司工会

××××年××月××日

关于对××建筑安装公司工会开展工资集体协商事宜的复函

××建筑安装公司工会：

你会于××××年××月××日发出的《开展工资集体协商要约书》已收悉，现就要约书中有关的内容作如下答复：

1. 同意要约书中提出的建议协商的内容。

2. 同意要约书中提出的具体协商时间和地点。

3. 行政方协商代表确定为：总经理×××为首席代表，其他代表是：×××、×××、×××、×××。

4. 行政方已将有关资料准备齐全，请及时沟通。

此复

总经理：×××

××××年××月××日

××建筑安装公司工资专项集体合同

用人单位方（甲方）：
××建筑安装公司
首席代表：×××
代表人数：5人

职工方（乙方）：
××建筑安装公司工会
首席代表：×××
代表人数：5人

根据《中华人民共和国劳动法》《中华人民共和国工会法》《中华人民共和国劳动合同法》《集体合同规定》《工资集体协商试行办法》和《××省集体合同条例》《××省企业职工工资集体协商条例》等有关法律、法规，双方本着自愿、平等的原则，经协商一致，签订本合同。

第一章　工资分配

一、工资调整

根据公司年度经营目标，结合本地政府公布的本年度工资指导线，比照同行业人工成本和劳动力市场工资指导价位，确定公司职工年度平均工资在上年80168元的基础上，增幅不低于10%。

若企业未完成年度经营目标，则职工年人均工资水平可在上年基础上下调，下降幅度不大于5%。

若企业超额完成年度经营目标，则从超出部分中提取5%，作为对职工的额外奖励，具体标准另行协商，在次年度一季度发放。

二、工资分配形式

根据按劳分配的原则，结合本企业生产经营特点，根据不同人员工作岗位的差异，工资分配主要采用计件工资、岗位工资、岗位绩效工资、年薪工资等形式。

对施工、生产现场一线工人实行计件工资制；

对无法计件的一线辅助岗位及普通项目管理人员、后勤服务人员实行岗位工资制；

对两级机关职能部室工作人员实行岗位绩效工资制；

对二级单位领导班子成员实行年薪工资制及项目管理班子成员实行兑现制。

三、岗位绩效工资结构和工资标准

岗位绩效工资制下的职工工资收入主要由所在岗位及其企业生产经营绩效、个人工作业绩考核结果决定。

职工工资分为固定部分（基本工资+岗位津贴+工龄津贴+职称津贴）和浮动部分（绩效奖+安全奖），固定部分占全部工资的比例不低于30%，其中基本工资为企业最低工资。

固定部分主要根据岗位不同而变化，并随职工工资水平的提高而同步调整。

浮动部分与企业经营业绩及生产安全状况有关，经个人工作业绩考核后兑现。

本企业最低工资标准执行企业所在地最低工资标准。

四、计件工资制工资标准

由企业比照同行业人工成本和劳动力市场工资指导价制定本企业劳动定额，并确保总体计件工资水平不低于第一条所述标准。

五、岗位工资制工资标准

企业比照同行业人工成本和劳动力市场工资指导价制订本企业岗位工资标准，并确保总体岗位工资水平不低于第一条所述标准。

六、年薪工资标准

各级经营者年薪工资标准执行上级集团公司的有关规定。因工作业绩突出而由上级单位给予的嘉奖不计入内。

七、工资支付

企业的工资支付周期为自然月，支付日为每月最后一日，以货币形式支付。如遇节假日或休息日，则提前发放。

工资可按月存入职工个人银行账户，也可现金支付。

加班工资按月结算，在下一月工资支付日发放。

职工依法参加社会活动占用工作时间的，企业应当视同，提供正常劳动支付工资。

甲方应建立职工考勤制度，书面记录职工出勤情况，并与职工核对签字。甲方应将工资支付给职工本人，并同时提供工资清单。

企业承诺不无故拖欠职工工资性收入；不以产品、商品、有价证券等实物抵付职工工资。如超过一个工资支付周期未能支付，则视为拖欠，企业应向工会提供书面说明。

八、加班工资和各类假期待遇的计算基数

职工的加班工资，职工带薪年休假期间的工资待遇，因公（工）负伤人员的工资待遇，女职工产假期间的工资待遇，职工婚假、丧假、探亲假期间的工资待遇，职工因病或非因工负伤期间的工资待遇，参照国家有关规定和标准制定，详见最新修订的《××建筑安装公司劳动管理制度》，计算基数为职工本人的基本工资。该规定将随国家规定调整而调整。

九、非因职工原因停工、停产、歇业超过一个工资支付周期的，甲乙双方可协商确定职工生活费标准，但不得低于劳动法律法规规定的标准。

第二章　保险、福利待遇

十、企业按国家有关规定为职工办理、缴纳社会保险，即养老保险、失业保险、医疗保险、工伤保险、住房公积金。

第三章　合同的生效及履行

十一、本合同经职工代表大会审议通过，并由双方首席代表正式签字后，报送人社部门审查。人社部门自收到本合同文本之日起15日内未提出异议的，本合同即行生效。

十二、本合同签订后，如遇不可抗力或者企业经营状况出现重大变化等特殊原因，经双方协商，可以变更或者解除本合同。

十三、本合同未规定的事项，以有关法律法规规定为准；法律法规未规定的，由双方协商决定。

十四、本合同的履行、终止、监督检查、劳动争议处理及其法律责任，依照国家法律法规和规章的有关规定执行。

十五、企业应当自本合同生效之日起五日内，以书面形式向全体职工公布。本合同履行情况每年至少向职工代表大会或职工大会报告一次。

十六、本合同有效期为________年____月____日至________年____月____日，在合同终止前60日，双方应依照有关法律法规的规定及相关程序重新签订下一轮的工资集体合同，并提交审查。

十七、本合同一式六份，双方首席代表各执一份，企业存档一份，送有关单位三份。

用人单位方首席代表：　　　　职工方首席代表：

年　月　日　　　　年　月　日

××建筑安装公司八届一次职代会代表团长联席会议关于通过工资集体协商工会方代表名单的决议

公司八届一次职代会代表团长、专委会主任联席会议于________年____月____日上午召开。八届一次职代会七个代表团的团长、五个专门委员会主任及五位一线职工代表共十七人参加。公司工会主席×××同志主持会议。

全体与会人员在认真听取公司工会有关推荐协商谈判工会方代表过程及5名代表的基本情况的说明后，与会人员一致同意×××等同志为建筑安装公司工资集体协商工会方代表，其中×××同志为首席代表。并认为这5名同志符合集体协商代表资格，能够代表和维护广大职工的利益。

附：协商代表职责

××××年××月××日

协商代表职责

依据《××省企业职工工资集体协商条例》第十二条规定，协商代表履行以下职责：

（一）参加职工工资集体协商；

（二）及时向本方人员公布协商情况并征求意见，解答本方人员的询问；

（三）提供与职工工资集体协商有关的真实情况和资料；

（四）代表本方参加职工工资集体协商争议的处理；

（五）监督工资专项集体合同的履行；

（六）法律、法规和规章规定的其他职责。

区域性工资专项集体合同文本

××街道××社区区域性工资集体协商要约书

××社区企业方代表：

根据《劳动法》《劳动合同法》《工资集体协商试行办

法》《××省企业职工工资集体协商条例》的规定和职工要求，结合区域实际情况，建议企业方和工会方双方代表就××××年度工资问题进行协商。具体事宜如下：

一、协商的时间和地点

1. 时间：建议定于××××年××月××日进行协商。

2. 地点：建议在社区会议室。

二、协商的内容

1. 区域内主要行业职工年度平均工资水平及其调整幅度。

2. 超时加班工资计发基数。

3. 企业最低工资标准。

4. 其他与工资有关需要协商的事项。

三、协商代表的确定

按照有关规定，建议双方各选派3名协商代表。我方协商代表为：首席代表×××，其他代表×××、×××。

请企业方代表尽快提出协商代表名单，以便工作沟通，做好协商前的准备工作。

四、为了便于协商的顺利开展，请提供下述资料：

1. 区域内不同性质、不同规模企业上年度生产经营和经济效益状况。

2. 区域内各行业上年度职工工资总额和职工平均工资。

以上资料请在协商会议开始5日前，提供给职工方协商首席代表，所涉及的商业秘密，本方代表将严格遵守保密规定。

五、请收到本要约书起10日内作出书面答复。

附：区域性工资集体协商职工方代表资格认定书

××工会（盖章）

××××年××月××日

区域性工资集体协商职工方代表资格认定书

经工会组织推荐，第一次区域性职工代表大会审议通过，确定×××、×××、×××等同志为××××年度职工方工资集体协商代表，代表全体域内职工与企业方进行区域性工资集体协商。

××工会（盖章）

××××年××月××日

区域性工资集体协商答复书

××社区企业工会联合会：

你会发出的工资集体协商要约书已收悉，现就有关事项答复如下：

1. 同意要约书中提出的协商时间和地点。

2. 同意要约书中提出的协商内容。

3. 经区域内各企业的法定代表人推选，一致同意，推选企业方工资协商首席代表×××，其他代表为×××、×××。

4. 企业方已将有关资料准备完毕，届时按规定提交。

以上答复如有异议，请及时沟通。

企业方首席代表签字：

××××年××月××日

区域性职工代表大会通过《××社区区域性工资专项集体合同（草案）》的决议

本社区于××××年××月××日召开职工代表大会。会议应到职工代表25人，实到代表25人，超过全体代表的三分之二。×××、×××、×××列席了会议。全体与会人员认真听取了《××社区区域性工资专项集体合同（草案）》。一致认为：《××社区区域性工资专项集体合同（草案）》符合社区实际，维护了职工的合法权益。经大会无记名投票表决，25票同意，0票不同意，0票弃权，同意人数超过应到代表的半数以上，本《××社区区域性工资专项集体合同（草案）》获得通过。

××工会（盖章）

××××年××月××日

××社区区域性工资专项集体合同

（××××年××月××日）

企业方首席代表：
姓名：
职务：
身份证号码：
联系电话：

职工方首席代表：
姓名：
职务：
身份证号码：
联系电话：

协商双方代表名单

	序号	姓名	性别	年龄	职务	身份证号码
企业方代表	1					
	2					
	3					
	4					
	5					
	6					
	7					
职工方代表	1					
	2					
	3					
	4					
	5					
	6					
	7					

××社区区域性工资专项集体合同覆盖企业名单

	序号	企业名称	经济类型	法人代码	企业地址	职工人数
企业方代表	1					
	2					
	3					
	4					
	5					
	6					
	7					
	8					
	9					
	10					
	11					
	12					
	13					
	14					

第一条　依据《劳动法》《工会法》《工资集体协商试行办法》《××省企业职工工资集体协商条例》等有关规定，××工会联合会代表全体职工与××社区内企业一致推选的代表，就本区域内企业工资分配事项，协商一致，签订本合同。

第二条　协商双方经对区域内企业生产经营和经济效益状况分析与预测，结合其他相关经济因素，对照政府颁布的工资指导线，经平等协商，达成以下意见：

1. 在上年度职工人均工资3980元的基础上，本年度企业职工人均工资水平调整幅度不低于8%；

2. 区域内最低工资标准：2100元；

3. 职工在法定节假日、休息日，以及依法享受婚假、丧假、探亲假、年休假、计划生育假、产假期间，应视为提供正常劳动，支付工资。

第三条　凡遇下列情况之一的，经双方协商一致，可以对合同进行修改或变更。

1. 本合同依据的法律、法规、规章和政策发生变化；

2. 覆盖企业生产经营发生重大变化；

3. 城镇居民生活费用价格指数发生重大变化。

第四条　发生人力不可抗拒的自然灾害，经双方协商一致，可以提前终止合同。

第五条　违约责任：

1. 因不可抗力因素造成合同不能履行，双方不承担法律责任；

2. 协商双方中任何一方违反合同时，应按有关规定承担违约责任；

3. 协商双方任何一方违反合同，给对方造成损害的，应根据后果和责任，按国家有关规定承担违约责任。

第六条　本工资集体合同有效期为一年，于________年____月____日起到________年____月____日止。合同期满前六十日内，双方应当重新签订职工工资集体合同。

第七条　本合同未尽事宜，按照现行有关规定执行。

第八条　本合同一式6份，存档一份，协商双方各一份，当地劳动部门、企业上级工会、覆盖企业各一份。

企业方首席代表：　　　　职工方首席代表：

（签字盖章）　　　　（签字盖章）

年　月　日　　　　年　月　日

××企业认可协议书

经过职工方代表与企业方代表协商，对××工会联合会代表全体职工与××社区区域内企业一致推选的企业方代表签订的《××社区区域性工资专项集体合同》予以确认，在认真执行《××社区区域性工资专项集体合同》的基础上，就本企业工资分配事项，达成以下补充协议：

1. 企业的基本工资制度：月薪+提成；

2. 工资标准：3000元；

3. 企业根据各类人员不同岗位性质，工资分配的具体形式为：（略）；

4. 职工工资总额增长幅度为10%；

5. 工资的支付时间为：每月30日；

6. 加班加点工资的计算基数和计发标准：（略）；

7. 其他内容。

企业方首席代表：　　　　职工方首席代表：

（签字盖章）　　　　（签字盖章）

年　月　日　　　　年　月　日

《××社区区域性工资专项集体合同》报审说明书

××区劳人局：

按照《劳动法》《劳动合同法》《工会法》《工资集体协商试行办法》《××省企业职工工资集体协商条例》的有关规定，我区域内3名企业方代表与3名职工方代表，于××××年××月××日至××××年××月××日，就区域内职工工资问题进行了平等协商，达成了一致意见，形成了《××社区区域性工资专项集体合同》。

××××年××月××日，社区工会召开了职工代表大会，与会代表认真讨论并审议通过，作出了决议。

××××年××月××日，职工方代表与企业方代表对《××社区区域性工资专项集体合同》确认无异议后，双方首席代表签字盖章。

现将合同文本报上，请予以审查。

××社区（章）

××××年××月××日

行业性工资专项集体合同文本

××区纺织行业工资专项集体合同

为了维护企业和职工双方的合法权益，协调和建立稳定的劳动关系，促进企业经济发展，根据《中华人民共和国劳动法》《中华人民共和国劳动合同法》《中华人民共和国工会法》和《××市集体合同条例》等有关法律法规，××区纺织行业协会和××区纺织行业工会联合在协商一致的基础上，签订本合同。

第一条　本合同是××区纺织行业企业与职工必须遵守的共同准则，通过签订集体合同，充分调动双方的积极性，促进企业的发展、提高企业的经济效益，维护职工的合法权益。

第二条　本合同适用于与企业签订劳动合同（含劳动派遣）的职工和企业法人代表。

第三条　企业招用职工，必须依照《中华人民共和国劳动合同法》签订固定期限劳动合同和无固定期限劳动合同，确立劳动关系，明确双方的权利和义务。

订立劳动合同，应当遵循合法、公平、平等自愿、协商一致、诚实信用的原则。

第四条　企业应当依法建立和完善劳动规章制度，保障劳动者享有劳动权利、履行劳动义务。

企业在制定、修改或者决定有关劳动报酬、工作时间、休息休假、劳动安全卫生、保险福利、职工培训、劳动纪律以及劳动定额管理等直接涉及劳动者切身利益的规章制度或者重大事项时，应当广泛听取职工的意见，与工会或者职工代表平等协商确定，经职工代表大会或全体职工讨论通过后实施，并予以公示。

第五条　企业有义务对职工进行政治思想、职业道德、遵章守纪、安全生产教育和安排技术业务、生产技能等内容的培训，职工应接受企业安排的教育和培训。

第六条　企业按照国家有关法律法规，对职工有奖罚的权利；职工有按规定参加民主管理，获得荣誉和物质奖励的权利。

第七条　工会要教育职工遵守国家的法律法规和企业的规章制度，有责任宣传教育职工依法履行劳动合同条款，安心本职工作，认真完成生产（工作）任务。

第八条　职工个人与企业签订的劳动合同中的劳动报酬等标准，不得低于集体合同的规定。

企业遵照按劳分配与同工同酬的原则，建立企业工资制度，坚持个人收益与企业经济效益相结合。

企业通过对各工种和岗位的劳动条件、实际劳动消耗量以及对职工的技术业务水平等诸因素进行劳动评价，分别确定企业的工资标准和职工的工资报酬。

在同一工种和岗位上工作的男女职工同工同酬。

第九条　根据××市政府××××年颁布的工资指导线及有关规定，××区在正常生产条件下的纺织企业，主要工种和岗位的工资标准，原则上不得低于以下数额：

1. 纺织针织染色工（初级工）3600元

2. 印花工（初级工）3500元

3. 裁剪工（初级工）3200元

裁剪工（中级工）3400元

4. 缝纫工（初级工）3100元

缝纫工（中级工）3500元

5. 缝纫品整形工（初级工）3000元

6. 缝纫制品充填处理（初级工）3100元

7. 服装制作工（初级工）3600 元

8. 印染工（初级工）3100 元

9. 纺织设备保全工（初级工）3300 元

纺织设备保全工（中级工）3500 元

纺织设备保全工（高级工）3700 元

10. 纺纱工程技术人员 3800 元

11. 服装设计师 4300 元

12. 服装制板师 4500 元

13. 生产现场管理人员 5000 元

14. 质量检验 3200 元

15. 纺织品营业员 3000 元

16. 挡车工 3000 元

17. 整烫工 3000 元

18. 本区本行业以上岗位的培训工及勤杂工最低工资标准 3000 元

第十条　企业工资应以货币形式按时足额支付给职工本人，如遇节假日、休息日，则应提前在最近的工作日支付。

第十一条　企业实行 40 小时工作制，在法定的休假日加班加点，必须征求工会组织的意见，并依法支付加班工资。

第十二条　企业对合同制职工实行养老、医疗、工伤、失业保险金制度并按时足额支付社会保险金；为外来务工人员按时足额缴纳社会综合保险金。

第十三条　本区纺织服装企业实行“带薪年休假”制

度，工作满一年的职工，享受带薪年休假5天；工龄满10年的职工，享受带薪年休假10天，最高可享受带薪年休假15天。

第十四条　企业不得安排女职工在怀孕期间从事国家规定的第三级体力劳动强度的劳动和孕期禁忌从事的劳动，对怀孕七个月以上的女职工，不得安排其延长工作时间和夜班劳动。

企业应定期组织员工健康体检。企业必须按照市政府有关规定做好两年一度的女职工体检工作，体检所需经费由企业支付。

第十五条　企业必须建立、健全劳动安全卫生制度，严格执行国家有关劳动安全和卫生的法律法规及有关规定，努力改善员工的劳动条件，加强职业病的防治，切实保障员工的身体健康。

根据纺织（服装）业一般都是重点防火单位的特点，企业必须重视防火工作，工会应予以积极配合。

第十六条　企业应当依法对职工在劳动中发生的工伤事故和职业病状况，向人社部门和上级工会报告并依法处理。

第十七条　企业应按照《中华人民共和国工会法》的有关规定，按时足额缴纳工会经费。

第十八条　企业应当按规定提取工资总额的1.5%作为职工教育经费，为职工提高文化技术素质提供保障，用于职工培训的经费不得少于提取经费的50%。

第十九条　建立企业内部职工互助基金或组织职工参

加市、区医疗补充保障，充分发扬互助互济精神（资金来源可采用企业出一点、工会出一点、个人出一点“三个一点”的方法筹集）。

第二十条　本合同一经签订，双方均应在合同期限内严格遵守，认真履行，非因法定事由或协商同意，不得予以修改或者变更。

第二十一条　双方在履行合同中，遇到下列情况可以解除、终止合同：

1. 双方协调一致；

2. 因不可抗力的情况出现，使合同无法履行；

3. 企业关、停、并、转。

第二十二条　本合同如有与国家法律法规不一致的地方，以国家法律法规为准。国家如有新的规定，以新的规定为准。

第二十三条　本合同期限为________年____月____日至________年____月____日。本合同期限届满前30日，双方经集体协商，应续签新的集体合同。

第二十四条　本合同经一届三次职工代表大会表决通过，由工会与行政签订。本合同一式四份，双方各执一份，一份报劳动保障部门，一份报上级工会。

第二十五条　本合同生效后，予以公示。

××区纺织行业协会（盖章）：　　××区纺织行业工会（盖章）：

法人代表（签名）：　　　　　　工会主席（签名）：

年　月　日　　　　　　　　　　年　月　日

劳动安全卫生专项集体合同签订流程

图示

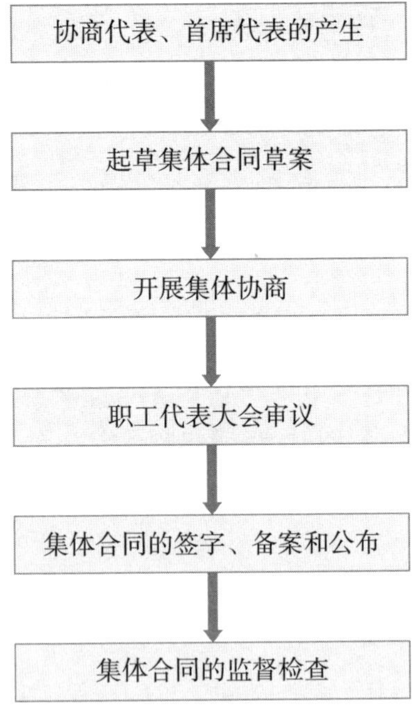

图示解说

1. 协商代表、首席代表的产生

协商代表包括职工方代表和企业方代表。协商双方代表等额，每方至少3人，并各确定1名首席代表。

企业方代表由法定代表人指派，首席代表为法人代表或其书面委托的其他管理人员。职工方代表，已建工会的企业由工会选派，其首席代表为工会主席或书面委托其他代表；未建工会的由职工民主推选，并得到半数以上职工的同意，首席代表也由协商代表民主推选。

集体协商双方首席代表可以委托本单位以外的专业人员作为本方协商代表。委托人数不得超过本方代表的三分之一。首席代表不得由非本单位人员代理。

2. 起草集体合同草案

对企业的劳动安全卫生进行全方位的调查，并根据国家相关规定和企业的实际，起草《劳动安全卫生专项集体合同（草案）》，其内容主要包括：劳动安全卫生组织机构和规章制度建设；劳动安全卫生责任；劳动条件（包括职业危害告知）、防护措施和安全投入；安全技术规程；劳动安全卫生教育培训制度；劳动保护用品的发放、维护和使用标准；定期健康检查和职业健康监护；事故应急救援；女职工的特殊保护；休息和休假；群众监督；合同的变更、解除和终止条款；履约监督和违约责任；集体合同争议处理的条款等程序方面；双方协商；职代会审议通过；双方首席代表签字；人力资源和社会保障部门的审查意见；合同生效日期、有效期限；向全体人员公布等。

3. 开展集体协商

职工方代表与企业方代表就《劳动安全卫生专项集体合同（草案）》开展集体协商，应遵循以下原则：遵守法律、法规、规章和国家有关规定；相互尊重，平等协商；诚实守信，公平合作；兼顾双方合法权益；不得采取过激行为。

4. 职工代表大会审议

工会在组织职工代表审议集体合同草案时应按照以下程序进行：

（1）审议前的准备工作

工会要在职代会前一周将《劳动安全卫生专项集体合同（草案）》发到全体职工代表手中，使之提前熟悉和研究合同草案的内容，并听取所在单位职工的意见，事先准备好修改意见。

（2）向职代会报告

说明《劳动安全卫生专项集体合同（草案）》的产生过程，合同草案的内容及其制订的依据，进行协商的情况。

（3）组织职工代表讨论

请职工代表进一步修改和完善《劳动安全卫生专项集体合同（草案）》。

（4）职代会表决通过

在审议合同草案的基础上，职代会以无记名投票方式对《劳动安全卫生专项集体合同（草案）》进行表决。职代会应当有三分之二以上的职工代表或者职工出席，且须经全体职工代表半数以上或者全体职工半数以上同意，《劳动安全卫生专项集体合同（草案）》方获通过。

5. 集体合同的签字、备案和公布

劳动安全卫生专项集体合同的签字、备案和公布必须履行以下法定程序：

（1）劳动安全卫生专项集体合同草案经职代会表决通过后，工会主席代表职工与企业方的首席代表在《劳动安全卫生专项集体合同》文本上签字。

（2）自签字之日起10日内，工会方要协助企业方将《劳动安全卫生专项集体合同》文本一式三份报送人社部门，尤其对合同签约主体资格、合同内容、签订程序进行合法性的审查备案，在15日内未提出异议的即行生效。如果人社部门提出异议，工会方要积极会同企业方按照协商和签约的程序规定，对异议部分依法进行修改后重新报送人社部门审查备案。

（3）从《劳动安全卫生专项集体合同》生效之日起，工会应当以适当的形式向全体职工公布，让每个职工熟知其中的内容，履行好自己的权利和义务。

6. 劳动安全卫生专项集体合同的监督检查

开展平等协商、签订和履行《劳动安全卫生专项集体

合同》是一个有机整体。集体合同的监督检查要贯穿于集体合同工作的整个过程。

监督检查的内容包括合同签订过程中的监督检查和合同履行过程中的监督检查。重点是检查签订集体合同的情况，强化履约监督，追究违约责任。

监督检查可分为企业内部的监督检查和外部的监督检查，两者主体不同。企业内部的监督检查主要由企业行政、工会和职工进行。企业外部的监督检查主要由政府的劳动保障部门进行。

应建立健全监督检查组织制度和工作制度、履约责任制；整改反馈制、责任追究制等。

每年应至少进行一次专门的《劳动安全卫生专项集体合同》的履约检查，每年向职代会报告合同履约情况。

注意事项

1. 要切实了解职工在劳动安全卫生方面的权利

国家通过《安全生产法》《职业病防治法》等法律法规赋予职工在劳动安全卫生方面享有一系列的权利。例如，知道作业场所和工作岗位存在职业危害因素防范措施和事故应急措施、参加劳动安全卫生培训、从事特种作业的劳动者必须经过专门培训、从事有职业危害的劳动者定期进行健康检查等。要掌握职工在劳动安全卫生方面权利的落实情况，有权利不落实现象的，要通过集体协商要求企业采取措施予以纠正，切实保障职工的安全健康。

2. 要全面调查企业劳动安全卫生状况

要对企业劳动安全卫生状况进行调查，找出与国家规定的差距。要调查了解劳动安全卫生设施是否具备，运行是否很好；要了解劳动安全卫生管理制度是否健全，执行是否到位；要了解劳动安全卫生条件是否达标，存在哪些差距；要了解个人防护用品是否按照规定发放，质量是否有保障等。调查应当突出重点，在调查中发现涉及严重影响职工安全和健康的事故隐患和职业危害时，要抓住不放，全面了解和分析存在问题的原因，探讨解决问题的技术条件、资金条件和管理要求，为正式作为协商要约做好准备。

3. 要认真听取职工对改善劳动条件的意见

国家法律法规所规定的劳动安全卫生条件是企业组织生产必须达到的基本要求。为了保护和调动职工的积极性，搞好安全生产和文明生产，企业还应当尽力为职工提供舒适、文明、便捷的劳动条件。职工处于生产劳动的第一线，他们对改善劳动条件有着切身的感受，可以通过个别访谈、开座谈会等形式，了解和梳理职工对改善劳动条件的意见与建议，支持职工的合理要求，协助企业尽力办好。

4. 要关注涉及劳动安全卫生的资金问题

按照有关规定，企业应当建立安全生产费用管理制度。安全生产费用是指企业按照规定标准提取、在成本中列支、专门用于完善和改进企业安全生产条件的资金。安全生产费用按照“企业提取、政府监管、确保需要、规范使用”的原则进行财务管理。如果企业在劳动安全卫生方面问题较多，一次性解决的资金条件尚不具备，需要根据企业在集体合同期限内能够提取的安全生产费用的多少，分辨轻重缓急考虑解决的项目。

范例

劳动安全卫生专项集体合同

第一条　为进一步规范用人单位与职工双方在生产过程中的劳动安全卫生行为，督促用人单位切实加强劳动安全卫生的管理，保护劳动者健康及其相关权益，促进企业健康发展，依据《劳动法》《工会法》《安全生产法》《职业病防治法》《消防法》《集体合同规定》等法律法规的有关规定，用人单位和全体职工就劳动安全卫生有关事项协商一致，签订本合同。

第二条　本合同所指的劳动安全卫生主要包括以下内容：

（一）劳动安全卫生工作方针、目标；

（二）劳动安全卫生责任制；

（三）劳动安全卫生条件、作业环境和安全生产、职业危害防治技术措施；

（四）劳动安全卫生操作规程；

（五）安全生产或职业危害培训及“三级安全教育”；

（六）劳动安全卫生应急救援预案制度及定期演练；

（七）特殊设备的使用及管理；

（八）安全及工伤事故调查处理；

（九）工会（或者职工代表）提出的在劳动安全卫生方面需要加以解决的突出问题；

（十）其他。

第三条　用人单位严格遵守国家有关劳动安全卫生的法律法规和政策规定，建立健全劳动安全卫生责任制和各项规章制度，编写各项作业标准、安全操作规程和劳动保护措施，为职工提供符合国家、行业标准的劳动条件（包括生产工艺、生产设备设施、生产工具、劳动防护用品和作业环境），保证安全生产；组织制订和实施安全生产、职业危害事故应急救援方案，减少工伤和职业病危害，保障职工健康及其相关权益。

第四条　职工严格遵守用人单位劳动安全卫生工作规章制度，认真执行操作规程，积极参加用人单位组织的安全培训和教育，正确佩戴和使用劳动保护用品，按照应急救援预案进行应急救援，依法获得安全卫生保障。工会依法组织职工参加劳动安全卫生工作的民主管理和民主监督，维护职工的健康及其相关权益。

第五条　用人单位应当加强对职工的劳动安全卫生知识教育和培训，保证职工了解国家和行业劳动安全卫生法律法规，熟悉用人单位劳动安全卫生规章制度和操作规程，掌握本岗位劳动安全卫生管理、方法、技术和危害防护等基本知识，能在紧急情况下采取科学合理的应急救援措施。__________岗位（工种）作业人员必须经过国家有关机构培训，取得相应资格操作证后，方可上岗。

职工不按规定正确佩戴和使用劳动防护用品，用人单位有权拒绝其上岗操作。

第六条　工会应组织职工接受安全技术培训，教育职工严格遵守用人单位的各项安全生产规章制度和操作规程，提高职工安全技术素质和自我防护意识，并对用人单位安全教育培训和持证上岗情况进行监督。

第七条　用人单位每年安排不少于______万元的劳动安全卫生专项资金，改善职工劳动条件。

工会监督劳动安全卫生专项资金的使用情况，确保专款专用。

第八条　用人单位在进行新建、扩建、改建工程项目时，对劳动安全卫生项目与主体工程实行同时设计、同时施工、同时投入生产和使用（以下简称“三同时”），验收合格后，投入生产使用。

工会参加新建、扩建、改建工程劳动安全卫生项目“三同时”的审查验收工作，对存在的问题，有权提出意见和建议；对工会提出的意见和建议，用人单位应认真落实。

第九条　用人单位与职工订立劳动合同时，应当将工作过程中可能产生的职业病危害及其后果、职业病防护措施和待遇等如实告知职工，并在劳动合同中写明，不得隐瞒或者欺骗。

用人单位对从事有毒有害作业的职工，进行上岗前和离岗时的健康检查，在岗期间应每年定期进行______次健康检查，检查结果应如实告知职工本人和工会。

第十条　用人单位对从事有毒有害工种的职工，应按照国家《职业病防治法》等有关规定，每月定期向职工发放有毒有害保健津贴，对特殊岗位职工提供保健食品。具体是：

（一）岗位（工种）：________津贴名称：________标准：____________；

（二）岗位（工种）：________津贴名称：________标准：____________；

（三）岗位（工种）：________津贴名称：________标准：____________。

第十一条　用人单位发生生产安全事故，应如实报告安全生产监督管理部门和工会；在处理安全生产事故时，工会有权依法参加事故调查，向有关部门提出处理意见。

第十二条　职工有权对本单位安全生产工作中存在的问题提出批评、检举、控告；有权拒绝违章指挥和强令冒险作业；发现直接危及人身安全的紧急情况时，有权停止作业或者在采取可能的应急措施后撤离作业场所，用人单位不得因此降低其工资、福利等待遇或者解除劳动合同。

第十三条　工会有权纠正违章指挥，对强令工人冒险作业行为或当发现明显事故隐患和职业危害时，有权停止作业并向用人单位提出解决的建议，采取防护措施，用人单位应当及时研究答复；当发现危及职工生命安全的情况时，有权组织职工撤离危险场所。

第十四条　用人单位未参加工伤保险或者未按时足额缴纳工伤保险费，影响职工工伤保险待遇的，职工应享受的工伤保险待遇由用人单位支付，标准按法律法规的规定执行。

第十五条　本合同对用人单位和职工双方都具有约束力，双方必须按照合同约定全面履行各项义务。双方应在本合同生效后______日内，联合成立监督检查小组，对本合同履行情况进行监督检查，组长由______担任。双方首席代表应每年______次向对方通报本方履行合同的情况。监督检查小组每年以书面形式向职工代表大会（或职工大会）报告本合同履行情况。

第十六条　因履行本合同发生争议时，双方平等协商解决，协商不能达成一致意见的，双方均可以依法向有管辖权的劳动争议仲裁委员会申请仲裁。

第十七条　本合同有效期为______年。本合同期满前60日内，双方应就是否续订本合同进行协商，同意续订的，应当在本合同期满前续订。

第十八条　本合同经职工代表大会（或职工大会）审议通过后，由双方首席代表签字。双方首席代表签字后7日内，用人单位将本合同正式文本一式三份，送人力资源和社会保障部门审查；人力资源和社会保障部门自收到本合同文本之日起15日内未提出异议的，本合同即行生效。

人力资源和社会保障部门提出异议的事项，双方协商代表应对有异议的事项进行协商，修改合同文本后重新送审。

第十九条　用人单位应自本合同生效之日起10日内向全体职工公布本合同正式文本，同时送地方工会、企业联合会/企业家协会。

第二十条　双方协商一致变更、续订本合同的，应按第十八条的规定送审。

第二十一条　本合同有效期内，如合同内容与新发布实施的法律法规和政策规定相抵触，按新发布实施的法律法规和政策执行。

用人单位方（盖章）：　　　　职工方（工会盖章）：
首席代表（签字）：　　　　　首席代表（签字）：
年　月　日　　　　　　　　　年　月　日

女职工权益保护专项集体合同签订流程

图示

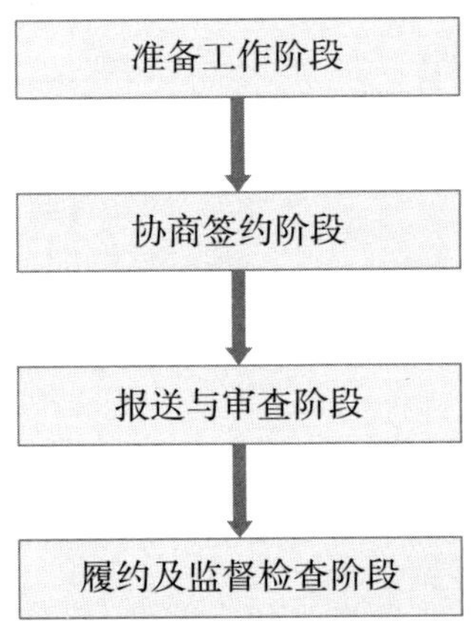

图示解说

1. 准备工作阶段

（1）协商代表、首席代表的产生

已建立集体合同制度的单位，女职工一方的协商代表、首席代表应与集体合同协商代表、首席代表一致。未建立集体合同制度的单位，女职工一方的协商代表应由本单位工会选派，首席代表由本单位工会主席担任，工会主席也可以书面委托工会女职工委员会主任担任首席代表。工会主席或工会女职工委员会主任空缺的，首席代表由工会负责人担任。未建立工会组织的单位，女职工一方的协商代表由本单位女职工民主推荐，并经本单位半数以上女职工同意，首席代表从协商代表中民主推举产生。

用人单位一方的协商代表，由用人单位法定代表人指派。首席代表一般由单位法定代表人担任，也可由其书面委托的其他管理人员担任。

（2）对协商代表开展专门培训

根据女职工权益保护专项集体合同工作需要，对职工协商代表开展有针对性的培训。

（3）起草集体合同草案

职工协商代表会同本单位工会女职工干部在对企业女职工权益保护状况进行调查和分析的基础上，起草《女职工权益保护专项集体合同（草案）》，并广泛征求用人单位和女职工意见，进一步修改和完善。

2. 协商签约阶段

工会和工会女职工组织方代表与企业行政方代表就《女职工权益保护专项集体合同（草案）》开展平等协商。经双方协商一致同意，将《女职工权益保护专项集体合同（草案）》提交职工代表大会或职工大会审议通过后，由双方的首席代表签字。

3. 报送与审查阶段

女职工权益保护专项集体合同签订后，要报送当地人社部门进行审查。人社部门自收到文本之日起15日内未提出异议的，该女职工权益保护专项集体合同即行生效。

4. 履约及监督检查阶段

生效的女职工权益保护专项集体合同，应当自其生效之日起由协商代表及时以适当的形式向本方全体人员公布，用人单位和全体女职工都要严格执行。集体合同监督检查小组应有工会女职工组织的代表参加，尚未建立工会或工会女职工组织的，要有女职工代表参加，共同对女职工权益保护专项集体合同履行情况定期进行检查和监督。对发现的问题要督促用人单位采取措施进行整改。同时，每年应至少一次将女职工权益保护专项集体合同履行情况向本单位职工大会或职工代表大会报告，接受职工的监督。

注意事项

1. 推行女职工权益保护专项集体合同工作的必要性和重要性

女职工由于生理特点和承担人类再生产的特殊使命，其合法权益和特殊利益理应受到国家法律法规和用人单位的保护，但是个别用人单位为了追求利益的最大化，无视国家保护女职工的法律法规，使女职工的合法权益和特殊利益难以得到保障。工会女职工组织作为女职工权益的代表者和维护者，在妥善协调各方面利益关系、构建和谐稳定的劳动关系中负有重要责任。许多地方工会组织的实践证明，推行《女职工权益保护专项集体合同》对于推动国家保护女职工法律法规的贯彻落实，促进企业劳动关系的和谐，保护女职工的合法权益和特殊利益，调动女职工参与改革和建设的积极性，推动工会女职工维权机制创新和完善，增强基层工会女职工组织的吸引力和凝聚力，具有重要的意义与作用。

2. 女职工权益保护专项集体合同的形式和主要内容

推行女职工权益保护专项集体合同工作，应该根据本地区本单位的具体情况选择合适的形式和方法，可以单独签订女职工权益保护专项集体合同，也可以将女职工权益保护专项协议作为集体合同的附件或专章。在中小企业比较集中的地区和行业，可以签订行业性、区域性女职工权益保护专项集体合同。其包括的具体内容主要有：

（1）有关女职工的劳动经济权利方面的内容，如劳动就业、同工同酬、休息休假、保险福利待遇等。

（2）有关女职工的特殊利益方面的内容，如女职工禁忌劳动保护、“四期”保护、妇科疾病普查、生育待遇等。

（3）有关女职工的政治文化教育发展权利方面的内容，如职业教育、技术培训、晋职晋级、参与企业民主管理等。

（4）双方认为应当协商的其他内容。

3. 重视工会女职工干部素质的提升

推行女职工权益保护专项集体合同，提高女职工干部的素质是其中的一项重要工作。上级工会及女职工组织要把加强对工会女职工干部的培训作为一项长期的重要任务来抓，采取多种途径和方式加强培训工作，坚持分层分类培训、常规培训和专题培训相结合，帮助工会女职工干部精通女职工权益保护法律法规，掌握协商程序与协商技巧，不断提高开展女职工权益保护专项集体合同工作的能力和水平。

范例

××航空股份有限公司
女职工权益保护专项集体合同

第一章 总 则

第一条 为适应建立和谐劳动关系需要，维护和保障新形势下女职工合法权益和特殊利益，减少和解决女职工在劳动、工作中因生理特点造成的特殊困难，在构建和谐社会中更好地发挥女职工的作用，促进女职工与××共同发展，根据《中华人民共和国劳动法》《劳动合同法》《工会法》《妇女权益保障法》《女职工劳动保护特别规定》《××航空股份有限公司女职工劳动保护实施细则》等有关法律法规文件，依照“平等协商、共谋发展”的原则，签订本合同。

第二条　本合同由公司工会与公司行政双方经平等协商后签订。

第三条　本合同适用于××航空股份有限公司，合同中统称为用人单位。

本合同所称女职工包括：与××建立劳动关系的所有女性职工。（××航空股份有限公司控股的公司可参照执行）

第四条　用人单位与女职工个人所订立的劳动合同中的女职工特殊权益条款的标准，不得低于本合同的规定，低于本合同规定的，按本合同标准执行。

第五条　工会及其女职工组织积极协助公司做好女职工思想教育工作，引导女职工自觉遵守国家有关法律法规政策，提高女职工知识水平，共谋企业健康发展。

第二章　女职工合法权益保护条款

第六条　女职工在政治、经济、文化、社会、教育、家庭和生活等方面享有与男职工平等的权利。女职工享有与男职工平等的劳动权利和社会保障权利，用人单位不得以任何借口歧视女职工。

第七条　公司工会女职工委员会或女职工委员应当参与制定及修改公司涉及女职工权益的有关规章制度，依法保障女职工的合法权益和特殊利益。

第八条　女职工委员会在公司工会领导下依法维护女职工的合法权益，用人单位必须对其工作予以支持，并将女职工工作纳入年度考核目标。

第九条　用人单位在录用、考核、晋职、晋级、评聘专业技术职务、享受福利待遇、执行国家退休制度等方面，必须坚持男女平等的原则，必须按照国家规定执行女职工退休制度。

第十条　用人单位和工会组织应当支持工会女职工组织参与民主管理。工会委员会中必须至少有一名女会员代表；用人单位在研究决定涉及女职工利益问题时，必须听取女职工组织的意见；职代会中女职工代表的比例应与女职工数的比例大致相当。

第十一条　用人单位工会女职工委员会应在党委、工会的领导和行政的支持下，以实施“女职工素质提升计划”为载体，围绕公司发展战略，不断提高女职工队伍的综合素质，开展多种形式、丰富多彩的学习教育、培训和自我达标活动。

第十二条　用人单位在组织职工进修、外出考察学习、岗位培训时，应根据岗位需要安排一定比例的女职工参加。各级女职工委员会以实施“促进女职工成长计划”为载体，积极向公司推荐优秀女干部人选，有关部门和单位应当重视其推荐意见。

第十三条　各级女职工委员会以“巾帼建功立业工程”建设为主要载体，带领广大女职工积极参与公司各项生产经营活动，以及岗位练兵、技能业务提升竞赛，爱岗敬业，钻研业务，力求创新。

女职工委员会应当教育女职工遵纪守法，自觉执行公司规章制度，树立良好形象，维护企业声誉。

第十四条　用人单位应当根据女职工的特点，组织开展有益于女职工身心健康的文化体育活动，为女职工参加文化体育活动提供必要条件。

第十五条　用人单位工会女职工委员会组织女职工开展活动所需的经费，公司行政应予以支持。

第三章　女职工特殊利益保护条款

第十六条　用人单位必须严格执行国家、民航及所在地有关女职工劳动保护的法律、法规和规章，并指定相应人员负责女职工劳动保护工作，明确责任，加强管理。

第十七条　用人单位必须根据女职工的生理特点和所从事工作的特点，加强劳动保护工作，应采取有效措施加强对女职工的安全教育和安全技术培训，每年要举办一次以上的职业健康或安全知识讲座。

第十八条　用人单位应严格按照《中华人民共和国劳动法》《劳动合同法》规定及当地政府有关规定对在怀孕、产假、哺乳期间的女职工进行劳动（聘用）合同管理。不得以女职工结婚或在“三期”（孕期、产期、哺乳期）为由，降低女职工的工资和福利待遇标准，单方解除或终止与女职工的劳动（聘用）合同，但女职工要求解除或终止劳动合同的除外。变更女职工工作岗位应当征得女职工的同意。

第十九条　女职工在月经期间，所在单位不得安排其从事高空、低温、冷水和国家规定的第三级体力劳动强度的劳动。如确实患有重度痛经，不能坚持正常工作的，经县级以上医疗或妇幼保健机构确诊后，在月经或诊疗期间应安排1~2天休息，按出勤对待，经期假不能存休。

第二十条　女职工在孕期、哺乳期，用人单位不得安排其在超过国家规定噪音强度的环境中工作，不得安排从事接触铅、汞、苯、镉、二硫化碳等有毒有害物质的工作，以及超过卫生防护要求剂量限制的放射工作。在调离原接触有毒有害工作岗位期间，其营养补贴继续发到孕期、哺乳期满。

第二十一条　为保障优生优育，用人单位必须免费提供防辐射保护用品给予怀孕女职工，并在工作范围内采取一定的防辐射保护措施，所需经费在各单位安全生产劳保费用中列支。

第二十二条　禁止安排怀孕期的女职工从事国家规定的第三级体力劳动强度的工作，不应延长其劳动时间，对从事经常弯腰、攀高、下蹲、抬举、搬运等容易引起流产、早产的工作，应暂时调做其他适当工作或酌情减轻工作量。

第二十三条　飞行员、空中乘务员怀孕后，依据本人意愿，可停止其空中飞行、乘务工作，如有适合岗位或工作需要，可暂时调至其他适当工作。本人申请休息的，可批准其休息，不影响调资，工资等福利待遇按国家和公司有关规定办理。

第二十四条　女职工怀孕七个月（按28周计算）和七个月以上，不得延长劳动时间或者安排夜班劳动。用人单位应根据具体情况和条件，给予每天享受工间休息一小时，算作劳动时间，休息时间可灵活掌握，但不能续存。

第二十五条　女职工怀孕期间按卫生部门的要求在劳动时间内进行产前检查，应当按出勤对待。对生产第一线的女职工，要相应减少生产定额，以保证产前检查时间。

第二十六条　女职工产假（符合计划生育政策的）分别按下列规定执行（产假期包括星期六、日和法定节假日）：

（一）单胎顺产者，给予产假98天，其中产前可以休假15天。23周岁以上怀孕并生育第一个子女的假期增加15天；多胎生育的，每多生育一个婴儿增加15天，产前、产后时间可视具体情况安排。产假期间，按出勤对待。（公司所在地省市人民政府制定产假标准优于此条件的按当地标准执行）男职工妻子生产，给予15天护理假。

（二）难产者，在产假98天基础上，剖宫产增加30天；产钳助产增加15天；吸引产增加15天；其他属于难产范围，经医务部门证明适当增加15天。

（三）怀孕不满4个月流产时（含自然流产、人工流产）应当根据医务部门的意见，给予15至30天的产假；怀孕满4个月以上流产时，给予42天产假。怀孕满7个月以上的遇死胎、死产和早产不成活的，给予75天产假。

第二十七条　公司应当按照规定参加生育保险，按时足额缴纳生育保险费，保障女职工享受生育保险待遇。女职工怀孕后在进行产前检查和分娩时，其检查费、接生费、手术费、住院费和药费等以及流产（含自然和人工流产）所需费用按公司目前有关医疗费用管理规定办理。

第二十八条　女职工产假期满恢复工作时，应允许有两周时间逐渐恢复劳动定额。

第二十九条　女职工生育后，在其婴儿一周岁内应照顾其在每日劳动时间内授乳两次（含人工喂养）每次30分钟。多胞胎生育的，每多哺乳一个婴儿，每次哺乳时间增加30分钟。女职工每日劳动时间内的两次哺乳时间可以合并使用，也可根据具体情况集中使用，实行定额承包的岗位，应相应减少其工作量。哺乳期满时正值夏季（7、8月）或严冬（1、2月）的，哺乳期可以延长1个月至2个月。婴儿满周岁后，如确系婴儿体弱，经妇幼保健部门证明，可适当延长授乳时间，但延长期最多不得超过6个月。请特批哺乳假的按公司有关规定办理。

女职工集中、有条件的单位，应建立"爱心小屋"为哺乳期的女职工提供方便。

第三十条　女职工在哺乳期内，用人单位不得安排其从事国家规定的第三级体力劳动强度的劳动和哺乳期禁忌从事的劳动，不得延长其劳动时间，不得安排其从事夜班劳动。

第三十一条　经医务部门（医院级别由各单位根据实际情况自定）确诊患产后抑郁症、更年期综合症的女职工，不适合继续从事原工作的，用人单位可以适当减轻其工作量或暂时安排其他适宜的工作，并协助给予治疗。

第三十二条　用人单位根据女职工的生理特点和所从事工作的职业特点，对处于经期、孕期、产期、哺乳期、更年期的女职工，给予特殊照顾和保护。

在产期的女职工应由工会女职工委员会代表单位给予

看望和慰问，以表关怀。

第三十三条 用人单位应每年组织女职工进行一次妇科普查，建立女职工保健数字档案并实行动态管理，为患妇科疾病的女职工提供治疗信息及帮助。妇科普查费用由用人单位负担，检查时间视为劳动时间。女职工较多的单位应设立咨询热线，聘请妇科专家或心理专家作长期顾问。

第三十四条 凡女职工较多的单位，应当积极帮助联系托儿所、幼儿园等，解决女职工照顾婴儿的后顾之忧，并妥善解决女职工在生理卫生、哺乳、照料婴幼儿等方面的困难。用人单位应按月定期发给女职工卫生保健费50元/人/月。

第三十五条 用人单位工会组织和女职工委员会要积极动员和组织女职工参加“女职工大病互助基金”，应当关心、帮扶生活有困难的女职工和单亲女职工，实现互助互爱。

第三十六条 每年“三八”国际劳动妇女节，用人单位应给予女职工休假4小时，“六一”儿童节应给予有年龄在12岁以下孩子的母亲休假4小时。

第三十七条 禁止违反女职工意志，以带有性内容或者与性有关的行为、语言、文字、图片、图像、电子信息等任何形式故意对其实施性骚扰。用人单位应当通过建设适当的环境、制定必要的调查投诉制度等措施，预防和制止对女职工的性骚扰。受到性骚扰的女职工有权向有关单位投诉。

第三十八条 用人单位应当采取措施预防和制止家庭

暴力对女职工身体和精神的伤害，依法为受害女职工提供救助。

第四章　法律责任

第三十九条　用人单位行政领导应负责本合同相关条款的组织实施，人力资源部门负责对本合同相关条款的执行情况进行检查，工会和工会女职工委员会有权对本合同相关条款履行情况进行监督，协助行政部门贯彻实施。

第四十条　女职工违反国家有关计划生育法规的，应按照国家或当地政府有关计划生育规定处理，不适用本合同条款。

第四十一条　女职工因生理特点禁忌从事劳动的范围及有毒有害工种的具体内容由劳动部门规定。

第四十二条　用人单位下属的各单位可以根据本合同，并参照地方政府女职工劳动保护的有关规定，制定具体的实施办法。

第四十三条　女职工劳动保护的权益受到侵害时，有权向所在单位的主管部门或者当地劳动部门提出申诉。受理申诉的部门应当自收到申诉书之日起30日内做出处理决定；如女职工对处理决定不服的，可以在收到处理决定书之日起15日内，向做出处理决定的上一级行政机关申请复议，也可以直接向当地人民法院起诉。

第五章 合作与监督

第四十四条 用人单位要支持工会女职工组织参与民主管理，职代会女职工代表比例与公司女职工比例相当，女职工代表应参与公司平等协商签订《集体合同》和工资协商的全过程。

公司劳动竞赛委员会、劳动争议调解委员会、劳动保护监督委员会、劳动法律监督检查委员会中应有女职工代表。

第四十五条 为确保本合同的全面履行，合同双方成立对等人数的监督小组，每年对合同履行情况进行一次联合检查。

第六章 附 则

第四十六条 双方因履行本合同而发生争议，首先由合同双方协商解决，经协商未能达成一致意见，请求上级劳动部门和工会组织进行协调、处理有关争议。

第四十七条 本合同有效期限为______年，自______年____月____日起至______年____月____日止。

第四十八条 本合同相关条款如与国家现行法律法规相抵触，以国家现行法律法规为准。

第四十九条 本合同作为《××航空股份有限公司集体合同》的附件，与《××航空股份有限公司集体合同》具有同等的法律效力。双方必须依法履行，不因人事变动而变动。

第五十条　各单位可结合实际情况，对劳务派遣制女性人员权益保护，可参照此合同执行。

第五十一条　本合同正本1式5份，双方当事人各执1份，报合同审查登记机关3份；副本3份，公司董事会、公司党委各存1份，报××集团公司工会1份。

用人单位方（盖章）：　　　　职工方（工会盖章）：

首席代表（签字）：　　　　首席代表（签字）：

年　月　日　　　　年　月　日

集体协商质效评估工作流程

图示

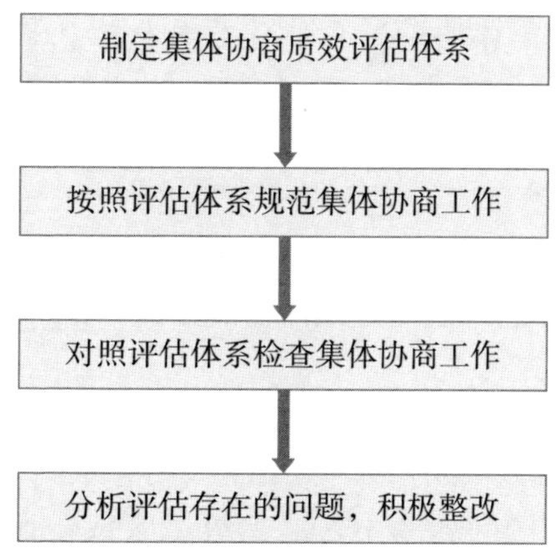

图示解说

1. 制定集体协商质效评估体系

规范集体协商的代表产生、协商准备、议题确定、协商过程、审议通过、审查备案、实施监督等程序，明确在每一个环节要达到的工作标准，是提升集体协商工作质量，增强集体合同实效，进一步发挥集体协商制度协调劳动关系基础性作用的重要举措。各级工会应根据中华全国总工会制定的集体协商质效评估意见，结合本地实际和工作重点，进一步分解细化各项指标，构建适合本地区（行业）和企业的集体协商质效评估体系，使集体协商工作程序规范，重点明确，有章可循。

2. 按照评估体系规范集体协商工作

要组织工会干部和职工集体协商代表认真学习质效评估体系，明确集体协商的工作流程和标准，理解质效评估体系各项指标的意义和要达到的目的，自觉严格按照质效评估体系的要求开展集体协商工作，促进集体协商质效不断提升。

3. 对照评估体系检查集体协商工作

在一个集体协商工作流程结束后，要对照质效评估体系再次进行检查评估。企业（行业）可以进行自我评估，及时发现存在的问题和不足。上级工会或协调劳动关系三方根据工作需要联合或单独进行外部评估，并向被评估企业（行业）反馈评估结果，指出问题，督促整改。可引入第三方调查机构参与评估，增强质效评估的客观性和准确性。集体协商质效评估的结果，应当向职工（代表）大会报告，接受职工的监督。

4. 分析评估存在的问题，积极整改

对评估中存在的问题要认真分析原因，认清这些问题对提高集体协商质效的影响，增强解决这些问题紧迫性的认识。要采取有针对性的措施，在下一轮集体协商中予以整改，不断完善集体协商的制度化建设，切实发挥集体协商在“稳就业、促发展、构和谐”中的积极作用。

注意事项

1. 开展集体协商的目的是要解决在劳动关系中存在的具体问题，让职工的权益得到保障，让企业管理得到改善，让劳动关系更加和谐。制定集体协商质效评估体系，组织检查评估，都是为更好实现这个目的、发挥集体协商作用服务的。我们不是为了要完成评估体系而开展集体协商，而是通过评估体系促进集体协商规范化和提高质效。要避免单纯为了完成评估体系的现象，克服形式主义，切实提高职工对集体协商的参与度、满意度和企业的认可度。

2. 要突出重点，避免一般化，注重实效。做好集体协商工作涉及很多方面，要围绕当前存在的职工参与度不够高、协商过程流于形式、内容不够具体、实际作用不够明显的问题，抓住重点，突出难点。要把是否解决广大职工最关心、最直接、最现实的利益问题作为质效评估的重点内容，把组织动员职工全程参与、增强职工获得感作为质效评估的目标，推动使集体协商工作真正反映职工意愿、体现职工诉求，努力实现在促进企业发展中维护好职工合

法权益。质效评估体系是些“死指标”，要通过集体协商的“活工作”使这些“死指标”充满生机活力，发挥集体协商在构建和谐劳动关系中的积极作用。

3. 集体协商是工会的一项基础性工作，牵一发而动全身。要把推行评估体系提高集体协商工作实效与工会的组织建设、民主管理等工作结合起来，相互促进，推动工会工作整体水平提高。各地可根据评估结果，对企业（行业）的集体协商工作进行分级评定，并作为推选“劳动关系和谐企业”“模范职工之家”等荣誉称号的重要参考。

附　录

《劳动合同法》（摘录）

第五章　特别规定

第一节　集体合同

第五十一条　企业职工一方与用人单位通过平等协商，可以就劳动报酬、工作时间、休息休假、劳动安全卫生、保险福利等事项订立集体合同。集体合同草案应当提交职工代表大会或者全体职工讨论通过。

集体合同由工会代表企业职工一方与用人单位订立；尚未建立工会的用人单位，由上级工会指导劳动者推举的代表与用人单位订立。

第五十二条　企业职工一方与用人单位可以订立劳动安全卫生、女职工权益保护、工资调整机制等专项集体合同。

第五十三条　在县级以下区域内，建筑业、采矿业、餐饮服务业等行业可以由工会与企业方面代表订立行业性集体合同，或者订立区域性集体合同。

第五十四条　集体合同订立后，应当报送劳动行政部门；劳动行政部门自收到集体合同文本之日起十五日内未提出异议的，集体合同即行生效。

依法订立的集体合同对用人单位和劳动者具有约束力。行业性、区域性集体合同对当地本行业、本区域的用人单位和劳动者具有约束力。

第五十五条　集体合同中劳动报酬和劳动条件等标准不得低于当地人民政府规定的最低标准；用人单位与劳动者订立的劳动合同中劳动报酬和劳动条件等标准不得低于集体合同规定的标准。

第五十六条　用人单位违反集体合同，侵犯职工劳动权益的，工会可以依法要求用人单位承担责任；因履行集体合同发生争议，经协商解决不成的，工会可以依法申请仲裁、提起诉讼。

工资集体协商试行办法

（劳动和社会保障部令第9号　2000年11月8日）

第一章　总　则

第一条　为规范工资集体协商和签订工资集体协议（以下简称工资协议）的行为，保障劳动关系双方的合法权益，促进劳动关系的和谐稳定，依据《中华人民共和国劳动法》和国家有关规定，制定本办法。

第二条　中华人民共和国境内的企业依法开展工资集体协商，签订工资协议，适用本办法。

第三条　本办法所称工资集体协商，是指职工代表与企业代表依法就企业内部工资分配制度、工资分配形式、工资收入水平等事项进行平等协商，在协商一致的基础上签订工资协议的行为。

本办法所称工资协议，是指专门就工资事项签订的专项集体合同。已订立集体合同的，工资协议作为集体合同的附件，并与集体合同具有同等效力。

第四条　依法订立的工资协议对企业和职工双方具有同等约束力。双方必须全面履行工资协议规定的义务，任何一方不得擅自变更或解除工资协议。

第五条 职工个人与企业订立的劳动合同中关于工资报酬的标准，不得低于工资协议规定的最低标准。

第六条 县级以上劳动保障部门依法对工资协议进行审查，对协议的履行情况进行监督检查。

第二章 工资集体协商内容

第七条 工资集体协商一般包括以下内容：

（一）工资协议的期限；

（二）工资分配制度、工资标准和工资分配形式；

（三）职工年度平均工资水平及其调整幅度；

（四）奖金、津贴、补贴等分配办法；

（五）工资支付办法；

（六）变更、解除工资协议的程序；

（七）工资协议的终止条件；

（八）工资协议的违约责任；

（九）双方认为应当协商约定的其他事项。

第八条 协商确定职工年度工资水平应符合国家有关工资分配的宏观调控政策，并综合参考下列因素：

（一）地区、行业、企业的人工成本水平；

（二）地区、行业的职工平均工资水平；

（三）当地政府发布的工资指导线、劳动力市场工资指导价位；

（四）本地区城镇居民消费价格指数；

（五）企业劳动生产率和经济效益；

（六）国有资产保值增值；

（七）上年度企业职工工资总额和职工平均工资水平；

（八）其他与工资集体协商有关的情况。

第三章　工资集体协商代表

第九条　工资集体协商代表应依照法定程序产生。职工一方由工会代表。未建工会的企业由职工民主推举代表，并得到半数以上职工的同意。企业代表由法定代表人和法定代表人指定的其他人员担任。

第十条　协商双方各确定一名首席代表。职工首席代表应当由工会主席担任，工会主席可以书面委托其他人员作为自己的代理人；未成立工会的，由职工集体协商代表推举。企业首席代表应当由法定代表人担任，法定代表人可以书面委托其他管理人员作为自己的代理人。

第十一条　协商双方的首席代表在工资集体协商期间轮流担任协商会议执行主席。协商会议执行主席的主要职责是负责工资集体协商有关组织协调工作，并对协商过程中发生的问题提出处理建议。

第十二条　协商双方可书面委托本企业以外的专业人士作为本方协商代表。委托人数不得超过本方代表的三分之一。

第十三条　协商双方享有平等的建议权、否决权和陈述权。

第十四条　由企业内部产生的协商代表参加工资集体协商的活动应视为提供正常劳动，享受的工资、奖金、津贴、补贴、保险福利待遇不变。其中，职工协商代表的合法权益受法律保护。企业不得对职工协商代表采取歧视性行为，不得违法解除或变更其劳动合同。

第十五条 协商代表应遵守双方确定的协商规则，履行代表职责，并负有保守企业商业秘密的责任。协商代表任何一方不得采取过激、威胁、收买、欺骗等行为。

第十六条 协商代表应了解和掌握工资分配的有关情况，广泛征求各方面的意见，接受本方人员对工资集体协商有关问题的质询。

第四章 工资集体协商程序

第十七条 职工和企业任何一方均可提出进行工资集体协商的要求。工资集体协商的提出方应向另一方提出书面的协商意向书，明确协商的时间、地点、内容等。另一方接到协商意向书后，应于 20 日内予以书面答复，并与提出方共同进行工资集体协商。

第十八条 在不违反有关法律、法规的前提下，协商双方有义务按照对方要求，在协商开始前 5 日内，提供与工资集体协商有关的真实情况和资料。

第十九条 工资协议草案应提交职工代表大会或职工大会讨论审议。

第二十条 工资集体协商双方达成一致意见后，由企业行政方制作工资协议文本。工资协议经双方首席代表签字盖章后成立。

第五章　工资协议审查

第二十一条　工资协议签订后，应于7日内由企业将工资协议一式三份及说明，报送劳动保障部门审查。

第二十二条　劳动保障部门应在收到工资协议15日内，对工资集体协商双方代表资格、工资协议的条款内容和签订程序等进行审查。

劳动保障部门经审查对工资协议无异议，应及时向协商双方送达《工资协议审查意见书》，工资协议即行生效。

劳动保障部门对工资协议有修改意见，应将修改意见在《工资协议审查意见书》中通知协商双方。双方应就修改意见及时协商，修改工资协议，并重新报送劳动保障部门。

工资协议向劳动保障部门报送经过15日后，协议双方未收到劳动保障部门的《工资协议审查意见书》，视为已经劳动保障部门同意，该工资协议即行生效。

第二十三条　协商双方应于5日内将已经生效的工资协议以适当形式向本方全体人员公布。

第二十四条　工资集体协商一般情况下一年进行一次。职工和企业双方均可在原工资协议期满前60日内，向对方书面提出协商意向书，进行下一轮的工资集体协商，做好新旧工资协议的相互衔接。

第六章　附　则

第二十五条　本办法对工资集体协商和工资协议的有关内容未做规定的，按《集体合同规定》的有关规定执行。

第二十六条　本办法自发布之日起施行。

集体合同规定

（劳动和社会保障部令第22号　2004年1月20日）

第一章　总　则

第一条　为规范集体协商和签订集体合同行为，依法维护劳动者和用人单位的合法权益，根据《中华人民共和国劳动法》和《中华人民共和国工会法》，制定本规定。

第二条　中华人民共和国境内的企业和实行企业化管理的事业单位（以下统称用人单位）与本单位职工之间进行集体协商，签订集体合同，适用本规定。

第三条　本规定所称集体合同，是指用人单位与本单位职工根据法律、法规、规章的规定，就劳动报酬、工作时间、休息休假、劳动安全卫生、职业培训、保险福利等事项，通过集体协商签订的书面协议；所称专项集体合同，是指用人单位与本单位职工根据法律、法规、规章的规定，就集体协商的某项内容签订的专项书面协议。

第四条　用人单位与本单位职工签订集体合同或专项集体合同，以及确定相关事宜，应当采取集体协商的方式。

集体协商主要采取协商会议的形式。

第五条 进行集体协商，签订集体合同或专项集体合同，应当遵循下列原则：

（一）遵守法律、法规、规章及国家有关规定；

（二）相互尊重，平等协商；

（三）诚实守信，公平合作；

（四）兼顾双方合法权益；

（五）不得采取过激行为。

第六条 符合本规定的集体合同或专项集体合同，对用人单位和本单位的全体职工具有法律约束力。

用人单位与职工个人签订的劳动合同约定的劳动条件和劳动报酬等标准，不得低于集体合同或专项集体合同的规定。

第七条 县级以上劳动保障部门对本行政区域内用人单位与本单位职工开展集体协商、签订、履行集体合同的情况进行监督，并负责审查集体合同或专项集体合同。

第二章 集体协商内容

第八条 集体协商双方可以就下列多项或某项内容进行集体协商，签订集体合同或专项集体合同：

（一）劳动报酬；

（二）工作时间；

（三）休息休假；

（四）劳动安全与卫生；

（五）补充保险和福利；

（六）女职工和未成年工特殊保护；

（七）职业技能培训；

（八）劳动合同管理；

（九）奖惩；

（十）裁员；

（十一）集体合同期限；

（十二）变更、解除集体合同的程序；

（十三）履行集体合同发生争议时的协商处理办法；

（十四）违反集体合同的责任；

（十五）双方认为应当协商的其他内容。

第九条　劳动报酬主要包括：

（一）用人单位工资水平、工资分配制度、工资标准和工资分配形式；

（二）工资支付办法；

（三）加班、加点工资及津贴、补贴标准和奖金分配办法；

（四）工资调整办法；

（五）试用期及病、事假等期间的工资待遇；

（六）特殊情况下职工工资（生活费）支付办法；

（七）其他劳动报酬分配办法。

第十条　工作时间主要包括：

（一）工时制度；

（二）加班加点办法；

（三）特殊工种的工作时间；

（四）劳动定额标准。

第十一条 休息休假主要包括：

（一）日休息时间、周休息日安排、年休假办法；

（二）不能实行标准工时职工的休息休假；

（三）其他假期。

第十二条 劳动安全卫生主要包括：

（一）劳动安全卫生责任制；

（二）劳动条件和安全技术措施；

（三）安全操作规程；

（四）劳保用品发放标准；

（五）定期健康检查和职业健康体检。

第十三条 补充保险和福利主要包括：

（一）补充保险的种类、范围；

（二）基本福利制度和福利设施；

（三）医疗期延长及其待遇；

（四）职工亲属福利制度。

第十四条 女职工和未成年工的特殊保护主要包括：

（一）女职工和未成年工禁忌从事的劳动；

（二）女职工的经期、孕期、产期和哺乳期的劳动保护；

（三）女职工、未成年工定期健康检查；

（四）未成年工的使用和登记制度。

第十五条 职业技能培训主要包括：

（一）职业技能培训项目规划及年度计划；

（二）职业技能培训费用的提取和使用；

（三）保障和改善职业技能培训的措施。

第十六条　劳动合同管理主要包括：

（一）劳动合同签订时间；

（二）确定劳动合同期限的条件；

（三）劳动合同变更、解除、续订的一般原则及无固定期限劳动合同的终止条件；

（四）试用期的条件和期限。

第十七条　奖惩主要包括：

（一）劳动纪律；

（二）考核奖惩制度；

（三）奖惩程序。

第十八条　裁员主要包括：

（一）裁员的方案；

（二）裁员的程序；

（三）裁员的实施办法和补偿标准。

第三章　集体协商代表

第十九条　本规定所称集体协商代表（以下统称协商代表），是指按照法定程序产生并有权代表本方利益进行集体协商的人员。

集体协商双方的代表人数应当对等，每方至少3人，并各确定1名首席代表。

第二十条　职工一方的协商代表由本单位工会选派。未建立工会的，由本单位职工民主推荐，并经本单位半数以上职工同意。

职工一方的首席代表由本单位工会主席担任。工会主席可以书面委托其他协商代表代理首席代表。工会主席空缺的，首席代表由工会主要负责人担任。未建立工会的，职工一方的首席代表从协商代表中民主推举产生。

第二十一条 用人单位一方的协商代表，由用人单位法定代表人指派，首席代表由单位法定代表人担任或由其书面委托的其他管理人员担任。

第二十二条 协商代表履行职责的期限由被代表方确定。

第二十三条 集体协商双方首席代表可以书面委托本单位以外的专业人员作为本方协商代表。委托人数不得超过本方代表的三分之一。

首席代表不得由非本单位人员代理。

第二十四条 用人单位协商代表与职工协商代表不得相互兼任。

第二十五条 协商代表应履行下列职责：

（一）参加集体协商；

（二）接受本方人员质询，及时向本方人员公布协商情况并征求意见；

（三）提供与集体协商有关的情况和资料；

（四）代表本方参加集体协商争议的处理；

（五）监督集体合同或专项集体合同的履行；

（六）法律、法规和规章规定的其他职责。

第二十六条 协商代表应当维护本单位正常的生产、工作秩序，不得采取威胁、收买、欺骗等行为。

协商代表应当保守在集体协商过程中知悉的用人单位的商业秘密。

第二十七条　企业内部的协商代表参加集体协商视为提供了正常劳动。

第二十八条　职工一方协商代表在其履行协商代表职责期间劳动合同期满的，劳动合同期限自动延长至完成履行协商代表职责之时，除出现下列情形之一的，用人单位不得与其解除劳动合同：

（一）严重违反劳动纪律或用人单位依法制定的规章制度的；

（二）严重失职、营私舞弊，对用人单位利益造成重大损害的；

（三）被依法追究刑事责任的。

职工一方协商代表履行协商代表职责期间，用人单位无正当理由不得调整其工作岗位。

第二十九条　职工一方协商代表就本规定第二十七条、第二十八条的规定与用人单位发生争议的，可以向当地劳动争议仲裁委员会申请仲裁。

第三十条　工会可以更换职工一方协商代表；未建立工会的，经本单位半数以上职工同意可以更换职工一方协商代表。

用人单位法定代表人可以更换用人单位一方协商代表。

第三十一条　协商代表因更换、辞任或遇有不可抗力等情形造成空缺的，应在空缺之日起 15 日内按照本规定产生新的代表。

第四章 集体协商程序

第三十二条 集体协商任何一方均可就签订集体合同或专项集体合同以及相关事宜，以书面形式向对方提出进行集体协商的要求。

一方提出进行集体协商要求的，另一方应当在收到集体协商要求之日起20日内以书面形式给以回应，无正当理由不得拒绝进行集体协商。

第三十三条 协商代表在协商前应进行下列准备工作：

（一）熟悉与集体协商内容有关的法律、法规、规章和制度；

（二）了解与集体协商内容有关的情况和资料，收集用人单位和职工对协商意向所持的意见；

（三）拟定集体协商议题，集体协商议题可由提出协商一方起草，也可由双方指派代表共同起草；

（四）确定集体协商的时间、地点等事项；

（五）共同确定一名非协商代表担任集体协商记录员。记录员应保持中立、公正，并为集体协商双方保密。

第三十四条 集体协商会议由双方首席代表轮流主持，并按下列程序进行：

（一）宣布议程和会议纪律；

（二）一方首席代表提出协商的具体内容和要求，另一方首席代表就对方的要求作出回应；

（三）协商双方就商谈事项发表各自意见，开展充分讨论；

（四）双方首席代表归纳意见。达成一致的，应当形成集体合同草案或专项集体合同草案，由双方首席代表签字。

第三十五条 集体协商未达成一致意见或出现事先未预料的问题时，经双方协商，可以中止协商。中止期限及下次协商时间、地点、内容由双方商定。

第五章 集体合同的订立、变更、解除和终止

第三十六条 经双方协商代表协商一致的集体合同草案或专项集体合同草案应当提交职工代表大会或者全体职工讨论。

职工代表大会或者全体职工讨论集体合同草案或专项集体合同草案，应当有三分之二以上职工代表或者职工出席，且须经全体职工代表半数以上或者全体职工半数以上同意，集体合同草案或专项集体合同草案方获通过。

第三十七条 集体合同草案或专项集体合同草案经职工代表大会或者职工大会通过后，由集体协商双方首席代表签字。

第三十八条 集体合同或专项集体合同期限一般为1至3年，期满或双方约定的终止条件出现，即行终止。

集体合同或专项集体合同期满前3个月内，任何一方均可向对方提出重新签订或续订的要求。

第三十九条 双方协商代表协商一致，可以变更或解除集体合同或专项集体合同。

第四十条 有下列情形之一的，可以变更或解除集体

合同或专项集体合同：

（一）用人单位因被兼并、解散、破产等原因，致使集体合同或专项集体合同无法履行的；

（二）因不可抗力等原因致使集体合同或专项集体合同无法履行或部分无法履行的；

（三）集体合同或专项集体合同约定的变更或解除条件出现的；

（四）法律、法规、规章规定的其他情形。

第四十一条 变更或解除集体合同或专项集体合同适用本规定的集体协商程序。

第六章 集体合同审查

第四十二条 集体合同或专项集体合同签订或变更后，应当自双方首席代表签字之日起10日内，由用人单位一方将文本一式三份报送劳动保障部门审查。

劳动保障部门对报送的集体合同或专项集体合同应当办理登记手续。

第四十三条 集体合同或专项集体合同审查实行属地管辖，具体管辖范围由省级劳动保障部门规定。

中央管辖的企业以及跨省、自治区、直辖市的用人单位的集体合同应当报送劳动保障部或劳动保障部指定的省级劳动保障部门。

第四十四条 劳动保障部门应当对报送的集体合同或专项集体合同的下列事项进行合法性审查：

（一）集体协商双方的主体资格是否符合法律、法规和规章规定；

（二）集体协商程序是否违反法律、法规、规章规定；

（三）集体合同或专项集体合同内容是否与国家规定相抵触。

第四十五条 劳动保障部门对集体合同或专项集体合同有异议的，应当自收到文本之日起15日内将《审查意见书》送达双方协商代表。《审查意见书》应当载明以下内容：

（一）集体合同或专项集体合同当事人双方的名称、地址；

（二）劳动保障部门收到集体合同或专项集体合同的时间；

（三）审查意见；

（四）作出审查意见的时间。

《审查意见书》应当加盖劳动保障部门印章。

第四十六条 用人单位与本单位职工就劳动保障部门提出异议的事项经集体协商重新签订集体合同或专项集体合同的，用人单位一方应当根据本规定第四十二条的规定将文本报送劳动保障部门审查。

第四十七条 劳动保障部门自收到文本之日起15日内未提出异议的，集体合同或专项集体合同即行生效。

第四十八条 生效的集体合同或专项集体合同，应当自其生效之日起由协商代表及时以适当的形式向本方全体人员公布。

第七章 集体协商争议的协调处理

第四十九条 集体协商过程中发生争议，双方当事人不能协商解决的，当事人一方或双方可以书面向劳动保障部门提出协调处理申请；未提出申请的，劳动保障部门认为必要时也可以进行协调处理。

第五十条 劳动保障部门应当组织同级工会和企业组织等三方面的人员，共同协调处理集体协商争议。

第五十一条 集体协商争议处理实行属地管辖，具体管辖范围由省级劳动保障部门规定。

中央管辖的企业以及跨省、自治区、直辖市用人单位因集体协商发生的争议，由劳动保障部指定的省级劳动保障部门组织同级工会和企业组织等三方面的人员协调处理，必要时，劳动保障部也可以组织有关方面协调处理。

第五十二条 协调处理集体协商争议，应当自受理协调处理申请之日起30日内结束协调处理工作。期满未结束的，可以适当延长协调期限，但延长期限不得超过15日。

第五十三条 协调处理集体协商争议应当按照以下程序进行：

（一）受理协调处理申请；

（二）调查了解争议的情况；

（三）研究制定协调处理争议的方案；

（四）对争议进行协调处理；

（五）制作《协调处理协议书》。

第五十四条 《协调处理协议书》应当载明协调处理申

请、争议的事实和协调结果，双方当事人就某些协商事项不能达成一致的，应将继续协商的有关事项予以载明。《协调处理协议书》由集体协商争议协调处理人员和争议双方首席代表签字盖章后生效。争议双方均应遵守生效后的《协调处理协议书》。

第八章　附　则

第五十五条　因履行集体合同发生的争议，当事人协商解决不成的，可以依法向劳动争议仲裁委员会申请仲裁。

第五十六条　用人单位无正当理由拒绝工会或职工代表提出的集体协商要求的，按照《工会法》及有关法律、法规的规定处理。

第五十七条　本规定于 2004 年 5 月 1 日起实施。原劳动部 1994 年 12 月 5 日颁布的《集体合同规定》同时废止。

中华全国总工会 人力资源社会保障部 中国企业联合会/中国企业家协会 中华全国工商业联合会关于实施集体协商“稳就业促发展构和谐”行动计划的通知

（总工发〔2019〕23号 2019年7月8日）

各省、自治区、直辖市总工会、人力资源社会保障厅（局）、企业联合会/企业家协会、工商业联合会，新疆生产建设兵团人力资源社会保障局、企业联合会/企业家协会、工商业联合会：

为深入贯彻党的十九大提出的“发展基层协商民主”和“完善政府、企业、工会共同参与的协商协调机制，构建和谐劳动关系”的要求，在当前经济下行压力加大和外部环境更加复杂严峻的形势下，进一步发挥集体协商集体合同制度协调劳动关系的基础性作用，稳定就业岗位，促进企业发展，构建和谐劳动关系，实现企业和职工共商共建共创共享，国家协调劳动关系三方会议研究决定，从2019年至2021年，在全国范围内实施集体协商“稳就业促发展构和谐”行动计划（以下简称行动计划）。

一、指导思想

坚持以习近平新时代中国特色社会主义思想为指导，深入贯彻落实党的十九大和十九届二中、三中全会精神，坚持新发展理念和中国特色社会主义集体协商理念，围绕落实中央经济工作会议和民营企业座谈会议要求，正确把握当前形势任务，切实将稳就业、促发展、构和谐作为当前集体协商工作的主线，着力健全集体协商制度，巩固集体协商基础，拓展集体协商内容，提升集体协商质量，引导职工正确看待和处理当前利益与长远利益，有效协调劳动关系双方利益关系，保护和调动企业与职工的生产经营积极性主动性，推动企业和职工形成利益共同体，促进实现劳动者体面劳动和企业健康持续发展，营造有利于改革发展稳定的环境。

二、目标任务

通过各级协调劳动关系三方的共同努力，集体协商制度在推动构建和谐劳动关系中的作用更加明显，中国特色社会主义集体协商制度更加巩固发展，集体协商实效性不断增强，力争2021年实现已建工会的企业集体协商建制率动态保持在80%以上，其中规模（限额）以上已建工会的企业开展年度集体协商、签订工资专项集体合同保持在90%以上，行业（区域）集体合同覆盖职工数达到8000万以上，职工利益诉求表达渠道进一步畅通，企业和职工获得感、满意度不断提升。

三、具体措施

（一）分类实施企业集体协商。鼓励生产经营正常的企业，围绕工资调整、奖金分配、考核奖惩、劳动定额、休息休假、工时制度、职工福利费和教育经费使用、劳动保护、女职工特殊保护等进行协商。鼓励和支持因产业转型升级、结构调整和经贸摩擦等造成生产经营困难或生产经营方式重大调整的企业，围绕转岗稳岗、轮岗休假、待岗培训、工资福利、裁员方案等涉及职工利益调整的重大事项进行协商。鼓励基础较好的企业建立经常性的沟通协商机制，开展多层次协商，畅通职工诉求表达渠道，努力解决企业及职工生产生活中的困难和问题。

（二）积极推进行业集体协商。坚持以劳动密集型、中小企业集中的行业（区域）作为重点，聚焦企业和职工普遍关心的问题，就行业最低工资标准、主体工种指导价位、劳动定额、计件单价、劳动保护、休息休假、福利待遇等进行协商。鼓励有条件的企业在行业集体协商的基础上，开展企业集体协商。在环卫清洁等农民工集中的行业，通过开展集体协商建立健全职工工资正常增长机制，推动低收入群体收入合理增长。在快递、外卖、网约车等新业态领域行业，通过探索确定协商主体、创新协商模式开展行业集体协商，签订行业性集体合同或协议，明确行业用工规范和劳动标准。

（三）深入推进集体协商提质增效。将开展质效评估工作作为促进集体协商提质增效的重要途径，进一步规范代表产生、要约应约、协商会议、审议报送、公示等协商程序，广泛收集企业和职工诉求，切实将企业和职工关心的问题纳入协商内容，增强集体协商的实效性。坚持以企业（行业）自评为主、外部评估为辅的原则实施集体协商质效评估工作，引导企业（行业）通过开展自我评估，发现和整改存在的问题，提高集体协商质量和职工参与率、知晓率、满意率以及企业认可度。各地协调劳动关系三方根据工作需要，可自行或委托第三方专业机构进行评估，并将评估结果作为评先评优的重要条件。通过努力，力争评估优秀企业（行业）数量达到60%以上，建制企业职工对集体协商工作的参与率达到80%以上、知晓率达到90%以上。

（四）继续开展集体协商要约行动。各地要根据企业实际情况，每年适时集中开展协商要约行动，企业或企业代表组织应支持工会提出要约。对提出要约尚有困难的工会，上级工会要给予帮助和指导，必要时可依法代替基层工会行使要约权。一方提出集体协商要约的，另一方应当在规定时间内及时给予回应。

（五）发挥集体协商谋求共识、化解矛盾、凝聚力量、促进发展作用。鼓励生产经营困难企业开展“共同约定行动”，开展以“稳岗位、促发展”为主要内容的劳动竞赛和和谐劳动关系创建活动，推动形成企业关爱职工、职工关心企业、共谋企业发展的良好氛围。工会和职工要支持企业的改革创新，加强职工技能培训、推广职工先进操作法，努力提高企业生产效率和核心竞争力。各级工会和企业要进一步强化职工法律意识和责任意识教育，引导职工遵纪守法、履行劳动合同、服从企业管理、履职尽责，为企业发展作贡献。

四、保障机制

（一）加强协商主体建设。加强基层工会组织建设，推进工会组织向新兴领域新兴群体延伸，巩固和扩大工会组织覆盖面。各级企业代表组织要切实加强行业协会、商会等组织建设，着力培育企业方协商主体，将推进行业集体协商作为加强行业自律、规范行业用工和竞争秩序、营造良好发展环境重要内容抓紧抓好。

（二）加强集体协商人才队伍建设。加强集体协商专家指导机构和指导员队伍建设，发挥集体协商指导员开展宣传指导、业务培训、技术支持等方面的积极作用。畅通专职集体协商指导员职业发展通道，将其作为劳动关系协调员队伍的重要力量，建立与相应职业资格相衔接的激励机制，力争专职指导员队伍达到1万人以上。加大职工方和企业方代表的培训力度，提高协商代表的能力和水平。省级、地市级工会每年培训集体协商职工方代表不少于100人，经济较发达、职工人数较多的县级工会每年培训集体协商职工方代表不少于50人；省级、地市级企业组织每年培训集体协商企业方代表不少于80人。

（三）加强对集体协商的指导服务。建立健全本地区本行业企业人工成本、劳动关系发展态势的监测体系，及时发布企业人工成本、职业薪酬、工资指导线、最低工资标准等集体协商参考数据。完善由人力资源社会保障部门、工会和企业组织等共同参与的集体协商争议调处机制，及时调处协商争议。加强对履行集体合同情况的监督检查，督促企业通过职工代表大会等形式，向职工公开集体合同履行情况。

（四）加强宣传凝聚共识。大力宣传国家积极就业政策和鼓励支持企业特别是民营企业发展的政策，推动各项政策落实落地。深入企业和工业园区、街道（社区）宣传集体协商在化解矛盾、构建和谐劳动关系、促进企业发展的意义。各级协调劳动关系三方每年要选树推广一批开展集体协商构建和谐劳动关系的典型，努力发挥典型的示范引领作用。

五、有关要求

（一）各地要加强组织领导，切实把推动实施行动计划摆上重要议事日程，争取当地党委、政府的重视和支持，努力推动形成党委领导、政府主导、三方协同、企业和职工积极参与的工作格局，积极争取将集体协商工作纳入各级党政和社会管理目标体系，作为人大执法检查的重要内容。

（二）各地要坚持从不同地区、不同行业和企业的实际出发，因地制宜，强化指导服务，分类实施，注重实效，力戒形式主义，不搞一刀切。加强对新业态新领域的调查研究，积极探索集体协商规范新业态劳动用工的途径和方法，努力发挥集体协商构建和谐劳动关系的作用。

（三）各地协调劳动关系三方要各司其职，密切配合，协同推进。人力资源社会保障部门要发挥好主导作用，积极做好推进立法、完善制度、制定规划、指导协调和集体合同审查等工作；各级工会要加强工会组织建设，强化宣传发动职工、指导协商要约、培训职工协商代表、监督集体合同履行等工作；企业联合会、工商联要加强企业代表组织建设和企业协商代表培训工作，做好引导企业树立协商理念、履行社会责任和督促企业履行集体合同等工作。各级协调劳动关系三方办公室要切实推进组织实施工作，建立健全沟通协调机制，适时开展调查研究和联合督导，注重培育推广典型，营造良好的社会舆论氛围。

中华全国总工会办公厅关于印发《深入开展集体协商质效评估工作方案》的通知

（总工办发〔2019〕8号　2019年3月20日）

各省、自治区、直辖市总工会，各全国产业工会：

现将《深入开展集体协商质效评估工作方案》印发给你们，请结合实际，认真组织实施集体协商质效评估工作，深入推进集体协商工作提质增效，更好地发挥集体协商制度协调劳动关系作用，促进劳动关系和谐稳定。各地工作进展情况，请及时报全国总工会权益保障部。

深入开展集体协商质效评估工作方案

为深入贯彻中国工会十七大提出的“以提质增效为重点深化集体协商工作”的任务要求，以深入开展集体协商质效评估工作（以下简称质效评估）为牵引，推动各级工会进一步提升集体协商工作质量、增强集体合同实效，进一步发挥集体协商制度协调劳动关系的基础性作用，现提出如下方案。

一、目标任务

通过建立和完善以职工参与率、知晓率、满意率和企业认可率为导向的集体协商质效评估体系，以开展质效评估为牵引，进一步规范集体协商的代表产生、协商准备、议题确定、协商过程、审议通过、审查备案等程序，增强集体协商的针对性和实效性，形成以促进解决企业和职工关心的问题、提升职工参与率、知晓率、满意率的工作导向，增强职工对集体协商工作的获得感和企业的认可度，进而增强工会组织的凝聚力和吸引力。力争通过三年时间，实现质效评估得分80分以上的集体协商建制企业（行业）达到60%以上，职工对集体协商工作的参与率达到80%以上、知晓率达到90%以上的目标。

二、指导原则

（一）坚持服务党政大局。以习近平新时代中国特色社会主义思想为指导，牢牢把握为实现中华民族伟大复兴的中国梦而奋斗的时代主题，通过深入开展质效评估，促进集体协商工作提质增效，推动企业完善产业工人技能形成机制和激励制度，引导职工主动提升技能素质、积极开展技术创新，在推动高质量发展中充分发挥主力军作用，助力企业增强活力和实现经济新旧动能转换。

（二）坚持促进企业发展。要鼓励以企业（行业）自评为主、外部评估为辅，引导企业（行业）对照评估体系，查找集体协商工作短板，不断提高工作质量。通过开展质效评估，建立完善以集体协商为主要载体的企业（行业）与职工协商对话沟通机制，引导职工对工资福利增长的合理预期，理性表达利益诉求，实现企业与职工共同发展、共渡难关、共享成果，形成利益共同体。

（三）坚持维护和发展职工权益。要把是否解决广大职工最关心、最直接、最现实的利益问题作为质效评估的重点内容，把组织动员职工全程参与、增强职工获得感作为质效评估的目标，推动使集体协商工作真正反映职工意愿、体现职工诉求，努力实现在促进企业发展中维护好职工合法权益。

三、工作要求

（一）细化完善评估体系。各级工会要参照企业（行业）集体协商质效评估体系（附件1、2），根据本地实际和工作侧重，进一步分解细化各项评估标准，构建适合本地区（行业）和企业实际的集体协商质效评估体系，促进集体协商工作质量的不断提升。

（二）大力推广评估体系。各级工会要根据工作要求，将评估体系转化为集体协商工作业务指引、流程解释、指导手册等，结合实际推广应用评估体系。要将评估体系作为集体协商培训工作的重点，使各级从事集体协商工作的工会干部和指导员了解评估体系，掌握质效评估工作流程，引导树立新时代集体协商工作的正确导向，推动质效评估广泛、持续、健康发展。

（三）多形式开展质效评估。各级工会要鼓励企业（行业）集体协商双方在一个集体协商工作流程结束后进行内部自我评估，发现问题不足，进一步改进集体协商工作。鼓励各地区工会或者协调劳动关系三方根据工作需要，联合或单独进行外部评估，并向被评估企业（行业）反馈评估结果，指出问题，督促改进。要把专职集体协商指导员作为开展质效评估的重要力量。鼓励引入第三方调查机构参与评估，增强质效评估的客观性和准确性。

（四）充分使用评估结果。各级工会要将评估结果运用到工会组织的各项工作中，与基层组织建设、民主管理等工作互相促进，推动工会工作水平不断提高。各地区可根据评估结果对企业（行业）的集体协商工作进行分级评定，并作为推选“劳动关系和谐企业”“模范职工之家”等荣誉称号的重要参考。

（五）切实加强组织领导。各级工会要从贯彻落实党中央、国务院决策部署，切实履行工会基本职责，增强工会组织凝聚力的高度，认识加强集体协商质效评估机制建设的重要意义，切实加强组织领导，结合实际推动质效评估深入开展。各级工会要由集体协商工作部门牵头，制定周密工作计划，推动集体协商建制企业（行业）普遍开展质效评估，促进集体协商工作提质增效，增强职工的获得感、幸福感和安全感。全总将适时对各地质效评估推进情况进行调研指导，并总结通报各地进展情况和成功经验。

附件：1. 企业集体协商质效评价标准表

2. 行业集体协商质效评价标准表

3. 集体协商质效综合评价问卷（A 职工方）

4. 集体协商质效综合评价问卷（B 行政方）

附件 1

企业集体协商质效评价标准表

项目	分值	子项目	标准	要求		要求		信息来源（仅供参考）
协商主体	10 分	1. 职工方代表	职工方协商代表通过民主程序产生，向全体职工公示	基本标准 1	2 分			职代会记录等文件或公示材料
			职工方协商代表结构合理，有基层职工代表	基本标准 2	2 分			协商代表信息表
			女职工/劳务派遣工总数超过本企业用工一定比例的，应有其协商代表			示范标准 1	是/否	协商代表信息表
			工会主要负责人担任职工方首席协商代表，或由其书面委托其他负责人担任；未建工会的由职工代表大会或职工大会推举产生	基本标准 3	2 分			职代会记录或公示材料
			建立并实施职工方协商代表述职、质询、评议、撤换等制度			示范标准 2	是/否	有关文件
		2. 行政方代表	企业主要负责人担任行政方首席协商代表或由其书面委托其他负责人担任	基本标准 4	2 分			协商代表信息表或委托书
		3. 代表履职	协商代表正常参加集体协商会议；职工方协商代表在协商中据理陈述，履职尽责	基本标准 5	2 分			协商会议记录

续表

项目	分值	子项目	标准	要求		要求		信息来源（仅供参考）
协商程序	25分	4. 要约/准备	协商要约和应约均采用书面形式且时间、内容、格式等符合相关规定	基本标准6	1分			要约书和应约书
			协商代表经过相关培训			示范标准3	是/否	培训教材和培训签到表
			工会或职工方协商代表开展集体协商宣传动员，征集协商议题或调查各类职工的诉求和意见，覆盖一定比例的职工	基本标准7	4分	示范标准4（征集意见覆盖一半以上的职工）	是/否	相关工作记录及反馈意见
			企业方向职工方协商代表提供集体协商所必需的有关数据资料，所提供资料准确、完整	基本标准8	2分			有关材料
			企业为职工方协商代表履行职责提供必需的工作条件和工作时间，依法落实保障职工方协商代表履行职责的相关规定或措施	基本标准9	1分			协商会议方案及职工方代表反馈
			职工方协商代表收集本地区最低工资标准、工资指导线、人力资源市场工资指导价位以及主要岗位（工种）的市场工资水平等数据，认真分析和有效利用相关数据、资料			示范标准5	是/否	有关分析材料
			工会在开展正式协商前向上级工会进行预报			示范标准6	是/否	有关材料
			协商双方制定协商方案，明确协商重点			示范标准7	是/否	方案文本

续表

项目	分值	子项目	标准	要求		要求		信息来源（仅供参考）
协商程序	25 分	5. 协商/签约	以劳动报酬为主要内容的专项集体协商每年至少开展一次，签订工资专项集体合同	基本标准 10	3 分			集体合同草案文本
			协商会议原始记录详尽、准确且经双方代表、记录员签字	基本标准 11	2 分			协商会议记录
			协商过程顺利；或者协商过程中难以达成一致意见时能够主动争取上级工会和有关部门指导、协调，以合法方式解决分歧	基本标准 12	2 分			沟通记录
			集体协商结果签订集体合同，集体合同及时续签	基本标准 13	2 分			集体合同草案文本
			双方应急、应事开展协商协调，结果形成书面记录			示范标准 8	是/否	相关文字材料
		6. 合同生效	集体协商进展通过恰当方式向职工通报			示范标准 9	是/否	通报文本或会议记录
			职工代表大会（职工大会）审议通过集体合同（含专项集体合同）草案	基本标准 14	3 分			职代会相关文件
			将集体合同报送人社行政部门	基本标准 15	2 分			有关材料
			企业在规定时间内采取书面形式向职工公布生效的集体合同，采用其他形式公布的应留存有关图文资料	基本标准 16	3 分			有关图文资料

续表

项目	分值	子项目	标准	要求		要求		信息来源（仅供参考）
协商程序	30分	7. 内容	集体合同文本各条款可操作性强	基本标准17	5分			集体合同文本
			集体合同符合企业实际，能够体现本企业特色	基本标准18	10分			集体合同文本
			涉及工资调整幅度的约定符合当地工资指导线的要求，增长幅度与本企业整体发展相协调；涉及工资水平的约定与劳动力市场供求关系和企业劳动生产率相适应；工作时间、休息休假、劳动安全卫生保护、女职工权益、社会保险、职业技能培训等方面约定的权益保障水平优于法律规定	基本标准19	10分			集体合同文本
			每次协商至少解决1个本企业职工最关心的劳动报酬、工作时间、休息休假、劳动安全卫生、女职工权益或保险福利方面的问题	基本标准20	5分			协商会议记录或集体合同文本
			每次协商至少解决1个有助于企业和职工共同发展的劳动相关问题（职工技能提升、人才队伍稳定、发明创造奖励、技能参与分配等）			示范标准10	是/否	协商会议记录或集体合同文本
			协商代表提出的各方面诉求有一半能达成一致，落实到集体合同中			示范标准11	是/否	协商会议记录或集体合同文本

续表

项目	分值	子项目	标准	要求		要求		信息来源（仅供参考）
合同履行及效果	15 分	8. 合同履行	企业成立集体合同履约监督组织或由协商代表履行监督职责，至少每年开展一次集体合同履行情况的监督检查，对发现的问题及时沟通	基本标准 21	3 分			相关文件或规定
			企业至少每年向职代会报告一次集体合同履行情况	基本标准 22	3 分			职代会相关文件
			企业对集体合同履行情况监督检查反映的问题有改进办法和措施			示范标准 12	是/否	工作记录及反馈意见
			集体合同中有针对履行监督检查的条款，或专门制定集体合同履行的实施办法，主体明确，责任明晰			示范标准 13	是/否	相关文件或规定
			集体合同能够完全履行或经协商调整后履约率达到 100%	基本标准 23	3 分			集体合同、报表及工作总结
		9. 协商成效	职工法定权益得到有效保障（五险一金、加班费的计算基数和比例，带薪年休假等）	基本标准 24	4 分			集体合同文本
			未发生集体劳动争议	基本标准 25	2 分			相关报告或记录
			在行业市场未发生大的改变的情况下，企业劳动生产率稳步提高			示范标准 14	是/否	报表
			自然离职率不高于集体协商之前的水平或不高于同行业企业平均水平			示范标准 15	是/否	有关材料

续表

项目	分值	子项目	标准	要求	要求	信息来源（仅供参考）
综合评价	20分	10. 职工知晓度	对集体协商建制、集体协商进展、集体协商结果、集体合同履行情况的了解程度的评价得分（10分制，平均分）	4分		问卷
		11. 职工参与度	参与选举协商代表、向协商代表反映意见建议的评价得分（10分制，平均分）	4分		
		12. 职工满意度	对协商代表履职尽责、集体协商结果及集体合同落实情况的满意度评价得分（10分制，平均分）	6分		问卷
		13. 企业认可度	对集体协商结果及落实情况的评价得分（10分制，平均分）	6分		问卷

附件 2

行业集体协商质效评价标准表

项目	分值	子项目	标准	要求		要求		信息来源（仅供参考）
协商主体	15 分	1. 职工方代表	行业工会代表职工方参加集体协商；未组建行业工会的，由上级工会或行业所在区域的（产业）工会代行协商职能	基本标准 1	2 分			公示文件
			职工方协商代表由行业工会选派；未组建行业工会的，职工方协商代表由行业所在地方工会选派。职工方代表产生后，向行业内各企业公布	基本标准 2	3 分			职代会相关文件，公示文件
			职工方协商代表结构合理，有基层职工代表			示范标准 1	是/否	协商代表信息表
			首席协商代表由行业工会主席担任。未组建行业工会的，由代行协商职能的工会负责人担任或选派，或在上级工会指导下从本行业内企业工会主席中民主推举产生，或由职工协商代表选举产生	基本标准 3	2 分			职代会相关文件，公示文件
		2. 行政方代表	行政方协商主体为行业内企业代表组织或者由行业内各企业推荐的代表组成	基本标准 4	2 分			协商代表信息表
			行政方首席协商代表由行业协会主席或企业方代表组织负责人担任。没有上述组织的，由行政方协商代表共同推荐人员担任	基本标准 5	3 分			协商代表信息表，推荐表
		3. 代表履职	协商代表正常参加协商会议，职工方代表在协商中履职尽责	基本标准 6	3 分			协商会议记录

续表

项目	分值	子项目	标准	要求		要求		信息来源（仅供参考）
协商程序	25分	4. 要约/准备	协商要约和应约均采用书面形式且时间、内容、格式等符合相关规定	基本标准7	2分			要约书和应约书
			协商代表经过相关培训或聘用律师或专业人士作为协商顾问			示范标准2	是/否	培训教材和培训会签到表
			职工方协商代表开展集体协商宣传动员，征集协商议题或调查各类职工的诉求和意见，覆盖一定比例的职工	基本标准8	4分			工作记录及反馈意见
			行政方为职工方协商代表履行职责提供必需的工作条件和工作时间，依法落实保障职工方协商代表履行职责的相关规定或措施	基本标准9	2分			协商会议记录
			职工方协商代表收集本地区和行业最低工资标准、工资指导线、人力资源市场工资指导价位以及主要岗位（工种）在岗职工工资水平、工时工价、劳动定额、缺工情况等数据，认真分析和有效利用相关数据、资料			示范标准3	是/否	有关分析材料
			行政方在协商开始之前向职工方协商代表提供集体协商所必需的有关数据资料，所提供资料准确、完整			示范标准4	是/否	有关材料
			双方首席协商代表在协商会议前进行多层次的充分沟通与磋商			示范标准5	是/否	沟通记录
			协商双方制定协商方案，明确协商重点			示范标准6	是/否	方案文本

续表

项目	分值	子项目	标准	要求		要求		信息来源（仅供参考）
协商程序	25分	5. 协商/签约	以劳动报酬为主要内容的专项集体协商每年至少开展一次，签订工资专项集体合同			示范标准7	是/否	集体合同文本
			协商会议原始记录详尽、准确且经双方代表、记录员签字	基本标准10	3分			协商会议记录
			协商过程顺利；或者协商过程中难以达成一致意见时能够主动争取上级工会和有关部门指导、协调，以合法方式解决分歧	基本标准11	2分			沟通记录
			集体协商结果签订集体合同，集体合同及时续签	基本标准12	2分			集体合同草案文本
		6. 合同生效	集体合同草案经行业职工代表大会审议通过或以企业为单位征求意见	基本标准13	4分			职代会相关文件或征求意见记录
			将集体合同报送人社行政部门	基本标准14	2分			有关材料
			在规定时间内采取网络、报纸、张贴文告等形式向行业职工公布生效的集体合同，留存有关图文资料	基本标准15	4分			有关图文资料

续表

项目	分值	子项目	标准	要求		要求		信息来源（仅供参考）
协商内容	20分	7. 内容	集体合同文本各条款可操作性强	基本标准16	3分			集体合同文本
			集体合同符合行业实际，能够体现行业特色	基本标准17	4分			集体合同文本
			每次协商至少解决1个职工最关心的劳动报酬、工作时间、休息休假、劳动安全卫生、保险福利方面的问题	基本标准18	10分			集体合同文本
			明确规定覆盖范围内的企业可以一定方式认可行业集体合同，符合要求的企业应开展二次协商	基本标准19	3分			集体合同文本
			涉及工资调整幅度的约定符合当地工资指导线的要求，增长幅度与行业整体发展相协调；涉及工资水平的约定与劳动力市场供求关系和劳动生产率相适应；工作时间、休息休假、劳动安全卫生保护、女职工权益、社会保险、职业技能培训等权益保障水平优于法律规定			示范标准8	是/否	集体合同文本
			对国家和本地区没有明确规定的主要工种劳动定额、计件工价、计时工资、加班加点工资计算基数等内容进行约定			示范标准9	是/否	集体合同文本
			每次协商至少解决1个有助于行业发展的劳动相关问题			示范标准10	是/否	相关材料

续表

项目	分值	子项目	标准	要求		要求		信息来源（仅供参考）
合同履行及效果	20 分	8. 合同履行	行业成立集体合同履约监督组织或由协商代表履行监督职责，至少每年开展一次集体合同履行情况的监督检查，对发现的问题及时沟通	基本标准 20	10 分			相关文件或规定
			行业对集体合同履行情况监督检查反映的问题有改进办法和措施			示范标准 11	是/否	职代会相关文件
			集体合同履约率 100%，或经协商调整后履约率达到 100%	基本标准 21	5 分			工作记录及反馈意见
		9. 协商成效	集体合同实际覆盖本行业企业的比率不断提高			示范标准 12	是/否	工作报表
			行业劳动关系和谐，未发生行业性集体劳动争议	基本标准 22	5 分			有关报告记录
			行业内一定比例企业的职工自愿离职率不高于协商之前的水平			示范标准 13	是/否	有关材料

续表

项目	分值	子项目	标准	要求	要求	信息来源（仅供参考）
综合评价	20分	10. 职工知晓度	对本行业集体协商建制、集体协商进展、集体协商结果、集体合同履行情况的了解程度的评价得分（10分制，平均分）	4分		问卷
		11. 职工参与度	参与选举行业集体协商代表、向协商代表反映意见建议的评价得分（10分制，平均分）	2分		问卷
		12. 职工满意度	对行业集体协商代表履职尽责、集体协商结果及集体合同落实情况的满意度评价得分（10分制，平均分）	7分		问卷
		13. 企业认可度	对行业集体协商结果及落实情况的评价得分（10分制，平均分）	7分		问卷

附件 3

集体协商质效综合评价问卷（A 职工方）

您所在企业名称：

（　　）您的工作岗位是（可根据实际情况多选）：

A. 中层干部、B. 普通管理岗位、C. 工程技术研发岗位、D. 一线生产操作岗位、E. 营销岗位、F. 后勤辅助服务岗位、G. 以上都不是

（　　）您是（可根据实际情况多选）：

H. 专职工会干部、J. 兼职工会干部、K. 集体协商代表、L. 以上情况都不是

请把选项字母填写在题目后面的括号中		
1	您知道本企业（行业）开展的集体协商工作吗？	（　　）
	A. 清楚 C. 了解一些	B. 比较了解 D. 从没听说
2	您知道本企业（行业）集体合同的主要内容吗？	（　　）
	A. 清楚 C. 不太清楚	B. 知道大部分内容 D. 不了解
3	您知道本企业（行业）集体合同内容的落实情况吗？	（　　）
	A. 知道 C. 不太清楚	B. 知道一些 D. 不知道
4	您参与本企业、行业集体协商代表的推选了吗？	（　　）
	A. 直接参加了投票或通过职工代表大会审议代表人选 B. 协商代表由工会指派，见到过代表名单的公示 C. 协商代表由工会指派，未见到过代表名单的公示 D. 不清楚协商代表是如何产生的	

续表

<table>
<tr><td rowspan="2">5</td><td colspan="2">您向本企业（行业）集体协商代表或工会组织反映问题、意见和意愿了吗？（　　）</td></tr>
<tr><td colspan="2">A. 直接提了书面或口头意见
B. 通过本部门（车间、小组）反映了意见
C. 被征求过意见，本人没有什么意见
D. 根本不知道征求意见的事</td></tr>
<tr><td rowspan="2">6</td><td colspan="2">您对本企业（行业）集体协商代表履职尽责情况是否满意？（　　）</td></tr>
<tr><td>A. 满意
C. 不太满意</td><td>B. 基本满意
D. 很不满意</td></tr>
<tr><td rowspan="2">7</td><td colspan="2">您认为您企业（行业）集体合同的内容如何，是否满意？（　　）</td></tr>
<tr><td colspan="2">A. 内容符合实际，比较满意
B. 对维护职工劳动者权益有一定作用，但作用不大
C. 都是些空的内容，没有实质意义，不太满意
D. 不能发挥作用，很不满意</td></tr>
<tr><td rowspan="2">8</td><td colspan="2">您对本企业（行业）集体合同的落实情况是否满意？（　　）</td></tr>
<tr><td>A. 满意
C. 不太满意</td><td>B. 基本满意
D. 很不满意</td></tr>
<tr><td rowspan="2">9</td><td colspan="2">您对本企业（行业）工会维护劳动者权益工作是否满意？（　　）</td></tr>
<tr><td>A. 满意
C. 不太满意</td><td>B. 基本满意
D. 很不满意</td></tr>
<tr><td rowspan="2">10</td><td colspan="2">您对进一步改进本企业（行业）的集体协商工作的意见建议？</td></tr>
<tr><td colspan="2"></td></tr>
</table>

（问卷到此结束，谢谢您的大力支持）

调查员：　　　　　　　　　　　　调查时间：

附件 4

集体协商质效综合评价问卷（B 行政方）

您所在企业名称：

您所担任的职务：

请把选项字母填写在题目后面的括号中		
1	您认为建立集体协商机制是企业必须开展的一项工作吗？（　）	
	A. 很有必要	B. 有必要
	C. 不太必要	D. 没必要
2	您对集体协商关注的程度是？（　）	
	A. 关注	B. 一般关注
	C. 不太关注	D. 不关注
3	您对本企业（行业）集体协商结果的整体满意程度是？（　）	
	A. 满意	B. 基本满意
	C. 不太满意	D. 很不满意
4	您认为本企业（行业）集体协商对调动职工积极性和保持职工队伍稳定有作用吗？（　）	
	A. 有明显作用	B. 有一些作用
	C. 作用不明显	D. 没作用
5	您认为本企业（行业）集体协商对调动员工积极性、提高劳动生产率有用吗？（　）	
	A. 有明显作用	B. 有一些作用
	C. 作用不明显	D. 没作用
6	您认为本企业（行业）集体协商对构建和谐劳动关系有用吗？（　）	
	A. 有明显作用	B. 有一些作用
	C. 作用不明显	D. 没作用

续表

7	您认为工会工作有利于企业发展和员工队伍建设吗？（　）	
	A. 有明显作用	B. 有一些作用
	C. 作用不明显	D. 没作用
8	您对进一步改进本企业（行业）的集体协商工作的意见建议？	

（问卷到此结束，谢谢您的大力支持）

调查员：　　　　　　　　　　　　调查时间：

图书在版编目（CIP）数据

集体协商流程图示与范例 / 集体协商流程图示与范例（第2版）编写组编. —2版. —北京：中国工人出版社，2020.10
（工会工作实务操作流程丛书）
ISBN 978-7-5008-7503-1

Ⅰ.①集… Ⅱ.①集… Ⅲ.①集体合同－基本知识－中国
Ⅳ.①D922.524

中国版本图书馆CIP数据核字（2020）第202277号

集体协商流程图示与范例（第2版）

出 版 人　王娇萍
责任编辑　王　薇　许小凡　王　璇
责任印制　栾征宇
出版发行　中国工人出版社
地　　址　北京市东城区鼓楼外大街45号　邮编：100120
网　　址　http://www.wp-china.com
电　　话　（010）62005043（总编室）
　　　　　（010）62005039（印制管理中心）
　　　　　（010）82075935（工会与劳动关系分社）
发行热线　（010）62005996　82029051
经　　销　各地书店
印　　刷　北京市密东印刷有限公司
开　　本　880毫米×1230毫米　1/32
印　　张　7.5
字　　数　140千字
版　　次　2021年2月第2版　2021年2月第1次印刷
定　　价　36.00元